刘蔚涛 著

带团队的头一年

从业务骨干转型为管理能手

天津出版传媒集团

天津人民出版社

果麦文化 出品

目录

前言：用什么应对职场变化　　001

第一章

认知调整：成为管理者到底意味着什么　　007

01 如何理解"成为管理者"　　008
02 应对成为管理者后的五大挑战　　015
03 管理者需要培养哪些能力　　021

第二章

上任：先着陆，再卓越　　028

04 了解自己的领导风格　　029
05 管理团队的第一件事　　034
06 如何厘清职场关系网　　040

第三章

接手：接手之后还要掌握 045

07 如何快速了解下属 046
08 如何提高下属的执行力 055
09 如何激发下属的工作意愿 060
10 如何培养下属的能力 064
11 如何与下属谈绩效 070
12 如何打好激励组合拳 075

第四章

优化：有进有出方能不断提升 081

13 如何优化团队 082
14 如何招到合适的人 086
15 如何辞退不适合的人 094
16 如何处理团队的公私关系 098
17 如何营造团队氛围 103

第五章
成事：事管不好，件件烧脑   109

18 如何定义成事的目标和标准   110
19 如何摸清管理的边界   116
20 如何始终聚焦重要的事   122
21 如何安排管理下属的工作   125

第六章
资源：借力使力，才能不费力   129

22 如何平衡业务工作和管理工作   130
23 如何管理自己的时间   133
24 如何向公司要资源   138
25 如何维护关系、寻求支持   145
26 如何做好向上管理   152

第七章

变数：不可避免，有招化解　　　　　156

27 如何有效化解团队冲突　　　　　157
28 如何打造长期的团队文化　　　　　162
29 如何应对意外事件　　　　　167

第八章

未来：自知者明，自胜者强　　　　　173

30 管理者的个人职场价值是什么　　　　　174
31 管理者如何能够战胜自我　　　　　183

后记：学会使用工具　　　　　188
致谢　　　　　191

前言：用什么应对职场变化

这是一个充满变化的 VUCA 时代：易变性（Volatility）、不确定性（Uncertainty）、复杂性（Complexity）和模糊性（Ambiguity）不断冲击着几乎所有行业。作为打工人的我们，要面对远超自己掌控和影响的大势。竞争惨烈的市场，让所有组织都开始反思，对现金流、成本、效率与保供的关注超过了以往对规模、销量、市占率和新市场的重视。对很多行业和企业而言，战略和业务的调整才刚刚开始，企业在对自己的经营策略和业务模式进行转型时，比以前更加重视对风险的防范。市场的稳定期尚未来临，打工人的不确定性依然存在。

有没有什么方法，可以在面对自己无力影响的改变时，依然能有其他选择？诚然，当一个行业整体上受到冲击时，当一家企业进行战略转型时，个人的力量往往无足轻重，但如果跳出自身所属的企业乃至行业，依然能找到合适的位置，可以有不错甚至更好的职业发展，那是不是意味着在一定程度上有了"反脆弱"的能力，能更好地应对变化？既然"反脆弱"是一种能力，那它一定是可以被学习和培养的。

在我看来，在职场上，有两种人具备这种"反脆弱"的能力：专业的技术人员和优秀的管理人员。专业的技术人员自不必多论，只要其具备的技术是市场所需要的，总有立足之地。优秀的管理人员，绝不是只能在某一家企业乃至某一个行业才能发挥价值，而是可以在不同企业乃至行业，以及在企业内担任不同职能，都可以做好管理工作的人。一旦达到这种层次，职业选择和发展空间就都不是问题。

成为专业的技术人员需要长期积累和刻苦钻研，成为优秀的管理者一样需要学习与掌握各种通用技能、方法和工具，毕竟管理也是一门专业。

成为管理者

从优秀的执行者、业务骨干晋升为管理者，最终成为领导者，是大多数职场人的奋斗目标，但不是每一个业务骨干晋升为管理者之后，都能有更好的职业发展。有的人成为管理者后反而更痛苦，因为以前把自己的业务做好就可以了，现在要想的却是怎么把任务分配给下属，还要帮助下属处理各种各样的问题。

管理者，就是通过别人的工作完成经营目标的人。

成为一位优秀的管理者并不容易。从专心做业务到开始带团队，不仅是职级和角色的变化，更是职业生涯发展路径的扩展。相应地，职场对管理者的技能要求也和对业务骨干的要求完全不同。

● **对于期望晋升为管理者的人**，了解成为管理者对职业生涯发展意味着什么、会有什么变化、如何做好准备等内容至关重要。

● **对于新晋管理者**，每天都会面对诸多问题，大到如何识人带人、如何不断成事、如何获取资源，小到怎么管"刺头"、怎么分奖金、怎么"开人"。如果没有一个解决各种问题的"工具箱"，那就无法从容应对，很容易陷入疲于奔命、不断救火但又不能彻底解决问题的恶性循环。

● **对于有经验的管理者**，经验虽然不会错，但可能会过时。当组织的内外部环境发生变化，当你所管理的人员和事物有所不同，之前管用的做法未必有效。培养结构化分析问题和系统化解决问题的能力，是应对纷繁复杂的环境变化的定海神针。

管理者的水平高低对一个企业的发展具有决定性影响，各层管理者不仅决定了企业的经营业绩，还决定了企业的文化风格。

管理者如果具备结构化分析问题的能力，能够因地制宜地应用各种工具，就能使团队和企业的业绩不断提升。

本书写作目的

这本书，是我根据自己近二十年的职业生涯经验，对如何成为一个管理者进行的总结。

我在商业领域的职业生涯始于广州宝洁。宝洁被誉为"职业经理人的黄埔军校"，它在一百八十多年的历史中总结出一套人才培养体系，确实值得很多有志成为百年企业的组织借鉴。

宝洁极度重视对内部经理人的培养，在职场通用技能和特定岗位技能两方面均有成体系的、循序渐进的培训规划。它的管理培训生在入职的早期就在前辈的帮助下被赋予相当大的职责，在直接经理的日常培养下学会合理使用权限、完成职务工作、对结果负责。

从宝洁"毕业"之后，我沿着自己的职业规划，进入管理咨询行业。在科尔尼的五年和在麦肯锡的近四年，我从一名咨询顾问成长为全球副董事合伙人，同时从业务骨干转变为管理者，从管理自己到管理他人，直至管理一个组织。这是一段宝贵的职场经历。

管理咨询的业务形态，就是一个个的顾问团队以项目为单位帮助客户解决不同的管理问题。一个项目短则几周长则数月，项目团队的组成人员也并不固定。能够确保项目团队高效运转、项目成员通力配合、出现问题及时化解，以及团队个人都有所收获,是管理咨询公司能够吸引人、培养人、留住人的基本功。

除了定期的脱产培训,公司的知识库里有无数前人总结的供管理者和领导者选用的理论方法、工具模型、流程步骤、具体案例等,这些经验在日复一日年复一年的团队管理中不断被内化和优化。

所以当离开麦肯锡时,我可以很有信心地说,当任何一个行业的任何一家公司面临任何一个管理类问题时,我都能找到解决方案,这就是拥有通用技能给我带来的信心。

离开麦肯锡后,我加入了全球最大的私募股权投资机构之一 KKR,负责大中华区投后管理,最重要的任务之一就是物色和吸引合适的人作为被投企业的管理层,以及帮助他们落地、磨合、发挥作用,最终提高被投企业的经营业绩。

过去八年间,在与从 CEO 到职能负责人的几百位各级管理者的合作过程中,我深深感受到,哪怕是再有阅历的管理者,在处理团队的问题时也往往因为缺乏分析工具而不得不依赖过往经验。

经验虽然不会错,但很容易过时。

企业所面临的内外部环境变化越来越快,企业管理者和前人的管理经验也就越来越不靠谱,利用工具对所面临的情景进行结构化分析,再因地制宜地采取相应策略,是应对层出不穷"类似但又不同"的问题的不二法门。

本书结构

在这本书里，我总结了职业生涯中见过的职场痛点真实案例、能上手即用的职场必备实用工具、针对职场难题的应对锦囊，希望能够帮你打造一套完整的职场工具箱。让你在面对职场上的这些难题时，不再是近身肉搏，横冲直撞，听天由命，而是工具傍身，气定神闲地排兵布阵，从容不迫地夺得先机。

本书的结构就是成为管理者的进阶路径。成为管理者，首先要对"成为管理者意味着什么"有正确的认知，然后才能一步步通过各个关卡，让自己成长为优秀管理者。本书从认知调整开始，沿上任、接手、优化、成事、资源、变数和未来这几大关卡，提供一个管理工具箱，以应对管理事务的各种挑战。

每一个人都是管理者，至少你要管理好自己。

第一章

认知调整：
成为管理者到底意味着什么

01
如何理解"成为管理者"

成为管理者：字母"T"的横竖交会点

首先介绍一个经典的人才理论模型——"T型人才"理论，它最早由哈佛商学院教授桃莉丝·巴登在其著作《知识之泉》中提出。

字母T的一竖代表专业技能，即在某一专业领域深耕，成为专家、行家，一横则代表职场通用技能。专业技能一般只在专业领域内有用，比如一个高级程序员在没有计算机的工作环境里，编程知识就无用武之地了。通用技能则不同，换一个地方依然管用，比如沟通能力。"T型人才"是最佳人才，既具备水平宽广的通用才能，也有垂直纵深的专业能力。

绝大多数人在职场上的发展是从竖开始的，毕业后加入一家公司，被安排到某个职位从基层做起。在相当长的一段时间里，你可能会沿着这个职位逐步提高专业能力，成为业务骨干，直到某一天晋升为团队主管。

获得晋升后，支持职业生涯后续发展的核心驱动力就不一定是这一竖的专业技能了,你也可能沿着这一横继续发展。也就是说,除了角色和职责的变化,更意味深长的变化是你的职业发展道路有了另外一种可能性——成为专职管理者。这时,你需要仔细思考是否转换职业赛道,从一个专家变成一个管理者,从基层管理者慢慢发展为中层管理者、高层管理者,甚至最后成为企业的 CEO。**因此,晋升为团队主管表面上看起来是带团队、升职加薪,其实它开启了一个转换职业赛道的可能性。**

也有一部分特定行业的从业者,是从一横开启职业生涯的。例如,毕业后加入管理咨询公司做商业分析师,培养出通用的商业意识、分析能力和沟通能力,能够应对不同行业中不同企业的不同项目需求。这种人就是所谓的通才。但即便是咨询公司,也会要求咨询顾问到一定层级后有所专注,培养自己在某个职能、某个行业或某个特定话题领域的专业能力,从通才发展为"T 型人才",甚至"π 型人才"。

T 型结构是较为理想的职场人才能力结构,不过,并不是所有人都必须或能够变成"T 型人才"。有的人可能更愿意在某个维度深耕,做到极致,没有余力也不想发展横向的通用技能。有这种打算的人一定要考虑潜在的风险,一旦你所专注的专业领域发生了技术变革,你掌握的技术本身被淘汰了,那这一竖的能力在市场上就没有用武之地,可能会面临较大的职业危机。

所以，不管是专注一点，还是向更广阔的领域发展延伸，都建议你适当提升通用技能。

成为管理者要做出的七大转变

想当好管理者，就必须适应这个角色与之前相比的不同之处。哈佛商学院教授迈克尔·沃特金斯在其作品《胜任》中总结了从一个业务骨干变成一个合格团队主管要做出的七大转变。

从专才转变为通才。要逐渐做到跨职能、跨业务、跨区域都可以管好团队，不能局限于自己熟悉的领域。

从业务执行者变成总揽全局者。从业务骨干晋升为团队主管，有一件事的转变非常大——怎样做决策。做业务骨干时，你要做的决策就是决定自己的事怎么做。成为管理者后，你要替整个团队定方向。一件事可能有若干种做法，团队主管必须在总揽全局的基础上决定采用何种方案。而资源、时间、人力都是有限的，所以选择就意味着放弃，放弃则意味着承担风险。

管理者在晋升过程中，一开始需要做的决策可能与之前做业务时擅长的事情相吻合，所以相对容易。但越往上走，要做的决策就越难，这也就引出后续的转变。

从战术家变成战略家。战术家考虑的是如何打赢眼前这场仗，战略家思考的是怎么获得最终胜利。他可能会输掉一场仗，但会以退为进，最后吃掉对方。从这个维度来看，管理者不仅要想清楚做什么和怎么做，还要明确为什么要这么做，这就是目标导向。但目标本身是动态的，所以管理者一定要有灵活性，要做出实时的调整。

从建筑工人变成设计师。建筑工人会照着图纸一步步地把楼盖起来，设计师则要勾画蓝图，从概念到设计，再到创造一张张图纸。当你是团队成员时，就像建筑工人，只要遵守团队既有规范，融入文化即可。但成为团队主管后，你就要为团队设计愿景、创造规范、打造文化。

从战士变成外交家。作为团队主管，你不仅要照顾团队内部的关系，还要代表整个团队去和各级领导、和别的部门打交道，获取支持和交换资源。你的角色，会更多地变成运筹帷幄的外交家，而不是提枪上阵的战士。

从问题的解决者变成问题的发现者。身为团队主管就意味着你不再是直接解决问题的人，你的下属才是问题解决者，而你需要做的是变成一个好的问题发现者。首先，要发现什么是需要解决的问题，解决问题的目的是什么，如何衡量问题是否得到解决。其次，要给众多需要解决的问题排序，配置所需资源，将工作安排下去。再次，要为解决问题的过程中有可能发生的意外准备预案，思考各种可能性和应对方式。

最后，要跟团队成员持续沟通，了解进度，并随时准备提供帮助。

从角色模仿者变成角色模范。做业务骨干时，你是角色模仿者，会观察成功的管理者是如何工作与表现的，向他学习。现在处于管理职位上，你的下属无时无刻不在盯着你。你的偏好和性格会被下属们模仿，你的一言一行会对整个团队产生或明或暗、潜移默化的影响。

以上七大转变都是隐性的，并且不是短时间内完成的。如果不历经这些转变，用原来做业务的思维去带团队，那团队的战斗力难以增强，因为你的时间、精力和关注点并没有用在带团队上。

除了这些隐性变化，你还会发现，与之前相比自己有很多明显的不同之处，最主要的是以下三点。

第一，**坐的位置不同了**，有自己的独立空间。

第二，**心态不同了**，变成担心下属的任务完不成，也很难完全弄清楚所有下属的工作细节。

第三，**关系网不同了**，要代表整个团队去和别的部门打交道，关系形态从线性变成网状。

很多人当了主管之后，会觉得比原来更辛苦，但业绩反而比原来更差，自身的努力好像无法带动其他人，其中很重要的一点在于没有适应这些或隐性或显性的转变。

个人职位变动盘点表

成为管理者所面临的变化,可以用个人职位变动盘点表来整理。这个表格能从角色位置、心态、关系网、职能、个人能力五个角度,帮助新晋管理者总结上任后所面临的变化,梳理难点。以下是示例。

	问题	没变的	变动的	有啥困难
角色位置	办公的地方变了吗?	还在原有的办公区。	有独立办公室。	是否还能跟团队成员们打成一片?是否还能第一时间听到信息?
心态	有什么期待和担忧?	仍需完成业绩指标。	有三个担心: • 没办法自己上手工作,又对下属的工作不放心。 • 自己开始担业绩指标,需要拍板做很多决策。 • 以前主要靠业务能力,现在主要靠管理能力。	如何把自己的能力复制给下属,打造高绩效团队?
关系网	旧关系变了吗?建立新关系了吗?	汇报对象不变。	多了部门间的协同工作。	原来的同事变成下属了,怎么管?怎样处理好跟相关部门的关系?

（续表）

	问题	没变的	变动的	有啥困难
职能	原有职能变了吗？新增加了什么？	原有职能没变。	负责的区域范围扩大，需要管理的产品增多。	在各区域和产品间怎么分配精力？
个人能力	哪些能力要求降低了？哪些要求提高了？	重要的任务、重要的会议、重要的供应商和客户还得管好。	需要培养下属的能力、管理团队协作的能力、替团队争取资源的能力。	压不住下属怎么办？

你可以参考上面的示例，根据自身的实际情况进行盘点，做到一上任就心中有数。

02
应对成为管理者后的五大挑战

有句俗语"屁股决定脑袋",常被用来讽刺本位主义。但对新晋管理者而言,这是一个恰如其分的描述——**坐上主管的位子后,你的思维也一定要尽快转换为主管的思维**。这就需要你应对好成为管理者后的诸多挑战。

挑战一:关注点要"天网恢恢,疏而不漏"

成为管理者之后,你不但要关注领导的要求和自己的工作,还要盯着所有下属的状况,指导和帮助他们完成任务。你所关注的面变广了,在大多数事上也就做不到像以前那样聚焦和深入。如何在"面"和"点"之间保持平衡,对管理者而言是一个重大的挑战。

新晋管理者时常存在两个误区。

一是放任不管。有些人会认为自己已经是领导,不该再去处理具体事务,那些是下属的责任,下属自己应该处理好。

这个误区常见的场景是管理者对下属说"那是你的问题,你把它搞定""这事儿都要问我,那还要你干吗""交给你点小事都搞不定,还能让你干啥"等。结果导致主管很生气,下属很委屈,事情做不好。

另一个是放着我来。有些人总是对下属的工作不放心,下属一遇到困难就迅速接管。下属用不同的方式解决问题时,又总是忍不住出手干预,让其按照自己的偏好一步步完成工作。结果会导致主管疲惫不堪,下属清闲自在,业务难以创新。

管理学中有一个著名理论叫"直升机理论",即**好的主管要把自己变成一架直升机,能上能下,能飞能落**——在制定目标、统筹资源、安排任务、考虑团队发展时,要有足够的高度,从天上俯瞰情况;当团队成员有需要时,又要能快速落在最需要的地方,去解决具体问题。

挑战二:面临的环境会变得更模糊

成为主管后,工作的模糊度来自两个方面:一是你身处的环境更复杂,不但要面对团队整体所处的环境,还要照顾下属们各自所面对的环境;二是自己能获得的信息是有限的、不确定的,需要在这个充满不确定性的大环境里逐渐把握关键点。

面对更模糊、更复杂的环境和逐渐增多的变量时，要在授权和管控之间保持平衡。一方面要放手让下属去做，另一方面要对关键节点有充分把控。

打个比方，学开车时，学员是驾驶者，教练坐在副驾驶位指导。作为教练，要让学员掌握方向盘，但车是往左转还是往右转、前进还是后退、加速还是刹车，是在教练的指导下进行的。**优秀的管理者要逐步释放授权力度，控制自己踩刹车的欲望。**这样学员学开车时才能越来越得心应手，又有足够的安全保障。从管控到大胆授权，是一个循序渐进的过程。

挑战三：更复杂、更难应付的人际关系

成为团队主管后，你不仅要和团队成员打交道，还要与太多的利益相关者接触。

这些利益相关者又是动态变化的，在某些事上的盟友，可能在另一些事上就是反对者。

管理者必须为团队汲取各类资源，赢得所需支持，排除前进障碍。处理人际关系时风格上并无对错高下之分。有的人怼天怼地怼空气，但能让别人买账；有的人你好我好大家

好，也能推进业务。这既与管理者个人的性格有关，也与公司的文化和环境有关。

从业务骨干晋升为团队主管，在人际关系方面必然会遇到一些以前不需要操心的事。比如，团队里与你关系最好的同事变成了你的下属，你们之间应如何相处？又比如，你晋升后被派去管理一个新的团队，成员里有不服气的刺头，你又该如何与他相处？再比如，你晋升后的职位与你原来的直接上司是平级，但他仍把你当作他的跟班，你们的关系该如何调整？

挑战四：更远离现场

成为管理者之后，具体工作是由下属们完成的，你不可能了解他们每个人每天做的所有事的细节。你获得的信息很有可能是经过加工的、不完整的，甚至是假的，但你需要基于这些信息做判断和决策。

这时，团队内部的沟通就异常重要。如何营造大家认为安全的、无论好事坏事都愿意直说的氛围？如何及时准确地获得信息，对有效决策起到决定性帮助？这些都考验着一个管理者的水准。

管理者还有一项不可或缺的工作，就是不断和自己的下属校对认知,清晰地告诉下属,自己需要什么信息、看重什么内容、对什么事关心。这就相当于给了下属一把尺子,让他们在面对一线海量信息时可以先量一遍。

挑战五:有更高的曝光度

作为团队的领导,经常需要代表团队在各种场合出现,你的下属、领导、利益相关者,都会自然而然地把目光投向你。

好的管理者会充分利用曝光度。要像一个好演员那样迅速进入角色,做到演什么像什么,用语言、行动甚至沉默传达你想要传达的信息。

新晋管理者挑战清单

下页这个工具表格名为"新晋管理者五大挑战清单",它能帮助新晋管理者结构化地思考最主要的五项挑战,并制订行动计划。你可以参考示例,根据自己的实际情况整理。

新晋管理者可能遇到的挑战	具体的问题	行动计划
关注点	• 如何确定个人和团队的首要任务目标? • 要和哪些以前不怎么打交道的人/部门建立关系? • 什么人/职位对团队业绩有评价权或影响力?	• 讨论、确定团队业务战略。勾画业务关系网图。 • 了解业务工作流程,识别关键决策点/决策人。
模糊点	• 影响业务的潜在风险都有哪些? • 达成业绩的非受控因素是什么? • 哪些核心业务的进度需要重点关注?	• 识别主要业务的风险点和难点,制定预案。 • 安排核心业务的定期汇报,制定汇报模板。
利益相关者	• 谁是完成业务的助力者、合作方? • 谁是业务开展的制约方、审核方?	• 与助力者、合作方建立定期沟通机制。 • 充分了解制约方、审核方的业务诉求和要求。
远离现场	• 如何获得全面的信息? • 如何及时获得对业务有影响的重要信息?	• 识别关键业务过程指标,设计定期汇报机制。 • 确定重要信息的定义,明确及时汇报要求。
曝光度	• 如何初次亮相? • 如何传达管理要求?	• 准备就职发言或"给下属的一封信"。 • 起草团队的行为规范。

03
管理者需要培养哪些能力

承担管理角色的人,要带领团队解决一个个复杂问题,帮助公司实现业绩指标。靠什么做到这一点?就是职场通用技能。

职场通用能力之一:学习力

我们从小到大一直在不停学习。但在多年教育中,我们锻炼的其实并不是探索未知的学习能力,而是寻找标准答案的解题能力。

我们接受的所有考核都是在评判提供的答案和预设的"标准答案"的近似程度:如果一模一样,就是 100 分;如果只有 60% 一样,就是 60 分;如果低于 60%,就是不及格。可职场上很多事是没有标准答案的,甚至根本就不存在答案。职场中所说的"学习力",绝不是背诵一本操作手册,然后照着去做,而是先识别需要了解的知识是哪些,并快速掌握，然后学以致用，结合新掌握的知识和自身已有的能力，创造出技能和工具，不断解决面临的问题。这是一种带有创造性的能力，你要寻找可能的方案并持续优化。

职场通用技能之二：执行力

执行力简单地说就是搞得定事。从业务骨干变成团队主管，对执行力的要求会发生变化。对一个团队的主管来说，在执行力方面的关注点是如何分解目标、安排工作，让团队更好地完成任务，以及如何安排团队和组织的架构，提高效率，增强战斗力。

职场通用技能之三：沟通力

你向下有多位下属，向上可能不只一个领导，周围还有各种各样的利益相关者，这些沟通相互之间会产生牵扯和影响，是一个动态的网络。你需要有目的、有规划地选择合适的时间、场地、情景，用合适的形式沟通。

职场通用技能之四：思维力

思维力是在面对复杂问题时进行结构化分析，并基于分析结果找到可能的解决方法的能力。思维力并不神秘，但需要长期的刻意练习才能培养和提高。比如麦肯锡的所有项目分析方法都是基于同一个"七步问题解决法"开展的。

成为团队主管之后，你要想清楚的是目标怎么设定、用什么样的方式和路径实现目标、潜在的风险有哪些、出现问题的预案是什么……从而提前为团队指明方向。你要明白团队内部的人怎么管、事怎么安排、资源怎么配置、氛围怎么营造，要能够让团队朝着共同目标有序高效地进发。

职场通用技能之五：领导力

一个好的管理者，要让自己的团队开心、快乐、自发自觉地完成工作，并且所有人都能在这个过程中获得成长，也就是团队目标和个人目标能够达成一致。领导力的价值，是让下属协作，实现 1+1>2 的效果。如果五个人单干拿出来的结果是 5 分，组成团队的结果还是 5 分，那么作为团队主管的领导力贡献就是 0，并没有带来增值。

职场通用技能之六：心力

心力是在职场打拼的过程中，面对逆境和未知时始终保持冷静，正常地对人对事的能力。这是一种对心性的磨炼。

团队成员之间的冲突、管理者自身和下属的冲突、自己团队和其他团队的冲突，再加上各种不确定性和突发变数……面对这些压力，管理者需要具备清晰且稳定的职场价值观和行为准则，才能让自己、团队乃至整个公司都变得更好。

成为一个优秀的管理者，把自己打造成职场"六边形战士"，是一件难事。能力与职场角色的需求也是动态变化的。能力是否合适、是否足够、是否溢出、是否收力，都要根据自身所在的岗位、扮演的角色、履行的职能来调整。

职场通用技能自评表

管理者的这六种职场通用能力，可以用一张量表自我评价，自评标准如下。

能力名称	评分标准 （请按照 1—5 分的符合程度为自己打分）	
	优秀管理者——5 分	合格管理者——3 分
学习力	•主动根据公司发展和行业变化，制定学习成长计划，始终保持在知识上的领先。 • 与同类同级员工相比，有明确的核心竞争力，在某些方面明显优于其他人。 •善用各种内外部学习资源，主动识别有效的学习方法。 •学习方向不设限，主动寻找职业第二曲线。	•利用各种学习机会和资源，不断丰富自身知识，并应用于日常工作和指导他人。 •学习方向与职业现状挂钩，与同类同级员工对比具备基础竞争力，但未必有明确的核心竞争力。 •有明确的学习渠道和学习方法，但未必全面。
执行力	•面对多项任务能判断优先级，制定跨团队的计划，确保高效高质地完成任务。 •能够带领团队规划并完成复杂任务、新任务和紧急任务，对执行过程中可能出现的意外有预判和预案。 •能持续成事，懂得规划团队资源，能做到适可而止，明白完成比完美更重要。	•按照企业对团队的业务要求，制订具体的工作计划，分解工作任务。 • 有效地进行过程管理，确保团队执行不偏移。 •能够带领团队完成既定任务，并取得预期结果。

（续表）

能力名称	评分标准（请按照1—5分的符合程度为自己打分）	
	优秀管理者——5分	合格管理者——3分
沟通力	● 能运用综合策略，通过多种方式有效影响他人或组织。 ● 能够察觉他人的需求和情感，提取有效信息并反馈。 ● 跨团队合作时能综合考虑多团队沟通方式，促进高效、高质合作。 ● 积极反馈工作结果，营造透明的协作氛围。	● 能站在他人角度思考和表达。 ● 增进与其他团队的相互了解，主动收集并及时分享信息，促进有效决策。 ● 跨团队沟通时综合考虑对方的能力和诉求，高效推进跨团队合作落地。
思维力	● 能对综合性问题进行结构化分析，识别问题成因及各因素之间的影响关系。 ● 具有创造性，能提出优于前人的解决方案。 ● 能触类旁通，掌握事物发展的客观规律，以点带面地思考问题。	● 能有逻辑、有条理地对所面临的问题进行分解和分析，把握主要原因，并提出相应解决方案。 ● 能提出系统化方案，平衡收益与风险。
领导力	● 勇于接受全新的任务，不断尝试。 ● 有号召力，能够快速组建有能力的团队。 ● 能带领团队找到共同目标，激励团队成员的斗志，充分发挥团队成员潜力，相互协作完成复杂或困难的任务。	● 应对不断变化的业务形势，集中必要资源，坚持不懈，全力以赴带领下属实现目标。 ● 从业务出发理顺内部关系，决策与行动时考虑对其他部门的影响。

(续表)

能力名称	评分标准（请按照1—5分的符合程度为自己打分）	
	优秀管理者——5分	合格管理者——3分
心力	• 有长期发展的心态，能平衡长期和短期目标，对职业发展做出理智抉择。 • 能在任何环境中保持清晰的职场价值观和行为准则。 • 面对困难时始终保持冷静和自信，能鼓舞自己和团队积极面对。	• 能在困难情况下坚持用正确的方法做正确的事。 • 面对压力时能保持情绪稳定、理智思考。

你可以参考上述标准，先给自己各项能力的当下水平打分，再设定希望达到的目标水平，形成如下自评图，让它在日常工作中时刻提醒你不断进步。

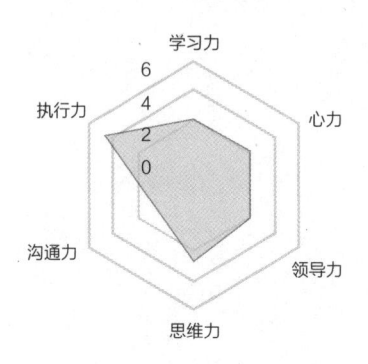

第二章

上任：
先着陆，再卓越

04
了解自己的领导风格

每个人行事都有自己的风格，成为管理者后也会有自己的领导风格。

比如随和的人成为领导后，风格往往也偏温和。此外，第一次成为管理者的人还会有意无意地学自己的上司、接触过的领导，甚至电视剧里的角色。

不同的领导风格没有优劣之分。

同样是严肃风格，有的管理者对下属很严厉，但下属对其敬仰有加，团队的战斗力特别强；而有的管理者就像个独裁者，下属们战战兢兢，生怕犯错，团队的工作氛围很差。

同样是温和的风格，有的管理者能让团队像一个大家庭，有说有笑，轻松快乐地完成工作；但也有那种老好人式的管理者，被下属欺负，束手无策，团队自然凝聚力低下。

识别你领导风格的"初始配置"

领导风格是可以被识别和培养的。在有意识培养自己的领导风格之前,管理者应该首先了解"初始配置",即在没有经过刻意锻炼的情况下,你的风格倾向是什么。

经典的 LASI（Leader Adaptability and Style Inventory）领导风格测试是很多大学和公司研究领导风格时的通用测试,它按照授权意愿的高低和与下属关系的亲疏这两个维度,划分了四种常见的领导风格:支持型、教练型、授权型、命令型。

与下属之间的关系

支持型领导风格	教练型领导风格
授权型领导风格	命令型领导风格

对下级的指挥度

第一种，支持型领导风格。这种管理者的特点是在工作上放权给下属，同时跟下属保持比较亲密的关系。

支持型领导风格的典型人物是唐僧。首先，唐僧愿意放权，他不干涉徒弟们大部分具体的行为。唐僧让悟空去探路，不会跟悟空说你的路线应该怎么安排。但是授权不意味着什么都不管，管理者要管的是底线。在《西游记》中，紧箍咒一共出现过五次，前两次都是唐僧向孙悟空立规矩而使用的。第一次，悟空杀死了毛贼，唐僧认为他滥杀无辜，遂念咒惩罚；第二次，悟空打死了由白骨精变化而成的凡人，因唐僧不知那是妖怪，故又念紧箍咒惩罚。这之后，悟空自己心里便清楚，唐僧的底线就是不能杀凡人。所以不管孙悟空打死多少妖怪，只要不杀凡人，唐僧从来不计较也不干涉，这就是收放自如。其次，唐僧跟徒弟们的私人关系也不错。孙悟空身上穿的虎皮裙，是唐僧一针一线缝出来的。

第二种，教练型领导风格。这种管理者会手把手地教下属，但盯得比较紧，不过也愿意与下属维系比较好的关系。

教练型领导风格的典型人物是诸葛亮。诸葛亮带兵不愿意放权，在"将在外，君命有所不受"的情况下，还要让人带三个锦囊，遇事拿出来看一看，要"依计行事"。同时，诸葛亮跟下属也维系着比较好的关系，迫于军规不得已要斩马谡时，也是无奈挥泪斩之。诸葛亮鞠躬尽瘁，死而后已，但在他死之后蜀中无大将，这就是他不愿意放权，下属得不到锻炼所导致的负面影响。

第三种，授权型领导风格。**这种管理者会在工作上放权，但与下属的关系没那么亲密，只是正常的公事公办。**

授权型领导风格是当今职场中比较常见的，这跟现代企业管理制度有一定关系，每个职位都有相应的权、责、利。

成熟的现代企业里典型的管理者，会在职权范围内充分地向下属授权，只要在规则允许的情况下，下属想怎么做都行。管理者对下属要的是结果。

第四种，命令型领导风格。**这种管理者在工作的授权度上相对谨慎，同时跟下属也没有比较亲密的关系。**

命令型风格的典型人物是雍正皇帝。作为一朝天子，皇帝无法做到事无巨细，但雍正对下属并不放心，所以他设有密折制度，随时派人去盯着下属，还让大家相互监督告密。作为孤家寡人的皇帝，他也不可能跟任何大臣保持特别亲密的关系。

最好的领导风格

我的"初始配置"是特别极端的支持型风格。可能有人觉得这种管理者挺好，但当环境不允许或还达不到匹配程度时，它可能就是最坏的风格。曾有一个新进公司的员工做我的下属，他就对支持型的风格特别不适应。谈心时他跟我说："领导，我刚来公司不久，感谢你信任我，放手让我做这么多重要的事。但问题是，很多事我不会做，需要有人教我。至少第一次时希望你能带着我，让我知道做到某个程度是不是就可以了，什么地方有所欠缺，什么地方花了太多不必要的时间。我需要这些反馈才能知道怎么改进。"

那次对话是我的真理时刻。从那时起，我会经常询问下属："我给你的授权度你觉得怎么样？我给你指导的详细度、及时度是不是合适？"如果不足，那我就得有意识地花更多的时间帮助他成长，直到他能独当一面。

其实**最好的领导风格就是没有固定风格——能根据工作的需要和下属的情况，选择最适合的风格**。孔子讲"因材施教"，孙子曰"兵无常势"，老子说"上善若水"，都是这个道理。真正好的领导就应该像水一样，放在杯子里就是杯子的样子，放在瓶子里就是瓶子的样子。需要温柔时，他能水滴石穿；需要强硬时，他就无坚不摧。

05
管理团队的第一件事

新官上任"第一把火"

新晋管理者第一天上班要做的第一件事，是跟自己的直接领导和下属团队正式沟通。

这项沟通要完成三个任务。

第一，感谢你的领导。你从业务骨干变成了团队主管，离不开领导的认可，所以要先向他表示感谢。

第二，与领导明确团队的业绩目标，这有可能出现三种情况：

第一种，领导给的目标容易达到，你开心地接下任务即可。

第二种，要达成的目标对你来说有难度，但也不是遥不可及，你可以努力找出解决办法，那么这一任务也是可以愉快接受的。

第三种，领导给的目标是你压根完不成的。在这种时刻，尤其是第一次跟领导沟通时，一定不要立刻拒绝，也不要讨价还价，而应该通过各种方式去探听，弄清领导为什么会设立这个比较离谱的目标。你可以问："老板，为什么咱们今年要定这么高的目标，背后有什么原因吗？是公司要有什么大动作，在咱们这个方向要砸钱了？还是我们团队要有什么变化？完成这一目标对我们来讲挺难的，您是怎么想的？您有什么计划？"最后你应该告诉领导，自己会与团队尽力商量解决方案，之后再向他反馈。

第三，与下属一起制定团队战略。明确目标之后，应该尽早让团队成员知晓，并一起讨论制定战略。有的管理者习惯自己确定团队目标，然后将任务分派给下属，这样做可能有两个不好的后果：一是下属未必对目标和任务完全认同，即便是领导交代必须去做的事，在执行时也往往会出现偏差；二是下属未必对目标和任务完全理解，于是在遇到不同选择时很难决策，他可能会回来找你要意见，更有可能按照自己的理解做判断，却未必是你想要的。

搭好"团队战略屋"

团队战略屋是一个可以应用于任何层级的战略制定工具，大到一家公司的战略，小到一个团队的策略，都可以用这个架构来讨论。

团队战略屋包括四项内容。

第一项，愿景目标。业绩目标通常是公司内部逐级决策的结果，但一个团队应该具有什么样的愿景，想要打造什么样的文化风格，是可以自己规划和决定的，也是团队主管自身性格的外化。

第二项，业务范畴和路径。业务范畴，是指团队按照组织的要求，要承担哪些职责，完成哪些任务。简单来说就是团队应该做什么，什么是分内之事。需要注意的是，确定"做什么"的同时往往也要确定"不做什么"，也就是自己团队与其他合作团队的权责分界线。

路径，是指团队在业务范畴内如何达到既定目标，即"怎么做"，既包括要做哪些动作（主要工作内容），也包括做这些动作的顺序（业务流程），还包括谁来做（责任人）和做到什么程度（考核指标）。在项目类的事务上，还需要界定每个行为的计划完成时间和所需要的资源投入。

沟通业务范畴和路径，不仅仅是为了了解团队成员，更重要的是通过反复讨论让整个团队在"做什么"和"怎么做"的认知上达成一致。

第三项，团队核心竞争力。"做什么"和"怎么做"之后，要解决的是"能不能做到"和"怎么能做得更好"。**团队的核心竞争力体现在两个方面：能做到其他团队做不到的事，能将别人做得到的事情做得更好**，即"人无我有，人有我精"。

在制定团队战略时，要清楚地知道为了实现经营目标，团队必须具备的能力都有哪些，现有能力与之是否有差距，哪些能力可以成为团队的核心竞争力。只有把这些问题都搞清楚，才能知道团队需要补充什么样的能力、引进什么样的人、做什么样的培训等。

第四项，团队机制和文化。 最后一步，是怎样通过工作氛围、流程步骤、管理机制、决策流程，帮助团队把能力充分发挥出来。这就是团队的管理体系。

团队的愿景要符合企业的整体愿景方向，团队文化也要跟企业的整体文化契合。在一个拥有狼性文化的组织里，缺乏斗志的团队无法生存；反之，在一个和谐友善的组织里，特立独行的团队可能也会格格不入。

在这四项中，第一项和第二项必须由团队所有成员共同讨论确定。因为即使目标和工作范畴在很大程度上并不是团队自己说了算，全员也一定要有共同认知。况且，作为团队主管，你是需要分解目标、一直分到每个人身上的，既然涉及下属的个人目标，就应该与下属一起讨论。第三项和第四项可以团队一起讨论确定，也可以先由团队主管自己确定，再向下属们传达，管理者可根据自己的管理风格偏好和团队成员的特点来决定。

下面是一个团队战略屋的示例,可供参考。

团队的愿景和目标	打造团队自己的目标、愿景、文化风格	
业务范畴和路径	**业务范畴:** • 提供什么产品或提供哪些服务。 • 专注于什么业务。 • 专注于服务什么客群。	**路径:** • 如何定义业务成功。 • 如何规划达到成功的路径。
团队核心竞争力	为了达到目标,团队整体应当具备什么能力,包括: • 识别达成目标所需要的核心竞争力。 • 团队现状如何,如何帮助团队补齐短板,培养核心竞争力。	
团队机制和文化	为了提升团队核心竞争力并达成目标,团队的组织机制、管理模式、业务流程、团队文化、人员去留应遵循什么机制,包括: • 团队应该建立怎样的管理模式、流程、团队文化。 • 应该如何招收、培训、留住一流人才。	

跟领导算账

有了团队战略屋之后,就可以判断团队的人员和能力与要达到的目标是否存在差距,领导给的目标任务是否真的可以完成。如果完成目标有难度，就需要不断与领导沟通，直至跟领导对目标达成一致意见，并把账算清楚。

所谓把账算清楚，就是根据目标来明确界定团队需要什么样的人、多少人、什么资源、什么投入、领导提供什么样的支持，等等。算账的目的是清晰地告诉领导，只有相关资源得到匹配，团队才能真正达成业绩。

战略屋的制定、跟领导的多轮沟通未必能在第一天就完成，但这并不重要，重要的是，你在第一天一定要知道目标在哪儿。

06
如何厘清职场关系网

从业务骨干变成团队主管,有些人际关系依然延续:如果没有更换领导,那与领导的关系基本还会保持原样;如果在原来的团队就地晋升,那么虽然与同事的关系会有一些变化,但是人还是那些人,依然有延续性。

但有一类关系是以前没有的——跟利益相关者的关系。作为一个团队的主管,你代表一方利益,身边一定会有跟这个利益发生关系的一群相关者。比如你是一个销售团队的领导,团队要达成业绩,离不开生产、配送、售后、财务等部门的配合,跟他们之间的关系都需要你去管理和维护。

职场关系有三个优先级

团队主管的职场关系网里,存在三类具有不同优先级的关系。

第一优先级关系是领导。随着职位越来越高,对你有影响力和决定权的上级领导可能不止一个。

第二优先级关系是下属。不管主管有多大的雄心壮志，想做多少事，最后都不是靠自己，而是靠下属们实现。

第三优先级关系是各类利益相关方。一个团队主管与利益相关方打交道，主要目的不是沟通业务流程，而是在出现问题后出面与他们协商解决。

凡是跟团队有可能产生业务联系，或被彼此工作结果影响的，都是利益相关方。从利益相关方的关系类型而言，主要有三种。

第一种是联盟。企业的很多任务必须由跨职能的团队互相配合才能完成，跟你的团队有共同任务目标或利益诉求的团队就是联盟。比如销售部门，其天然的联盟就是产品研发部门。

第二种是对头。对头不是敌人，对头关系也不是你死我活的关系。由于企业内部分工的要求，不同职能部门之间会相互制衡。比如，采购部门的职能是用尽可能低的价格买到合适的物料，质量部门的职能是保证公司采买的物料品质合格，不管价格是否便宜。

第三种是中性关系（潜在第三方）。也就是彼此间没有直接的联盟或对头关系，虽然业务流程上有往来，但既不需要合力完成某项任务，也不需要相互制衡。比如采购部门和财务部门之间就是这种关系。

利益是动态的，关系也是

在企业里，各团队的职能和业务流程相对稳定，但并不意味着你的团队和盟友、对头及潜在第三方的关系同样稳定。在具体场景下，这些关系是动态变化的。

比如前文提到的研发和销售这两个部门，在一些特定情况下，他们也会变成对头。新品上市后，销售状况不好，就容易发生销售部门和产品部门相互"甩锅"的情况：产品部门认为产品研发是没有问题的，该有的功能都有，也跟得上时代，卖不好是因为销售能力不够；销售部门会认为其他产品卖得都很好，只有这个产品不行，所以一定是研发的问题。这时双方没有了共同利益的基础，就会变成对头。

而名义上是对头，或者在职能设定上相互制衡的两个团队，当有共同利益出现时，也会结成联盟。有的公司为了促进职能间既制衡又合作，会有意识地做相应设置。

比如，有公司要求采购部门降低成本的同时一定要关注质量，所以其 KPI 指标中有 70% 与成本有关，30% 与质量有关。反过来，质量部门在保证质量时也一定要关注成本，其 KPI 指标中有 70% 与质量有关，30% 与成本相关。这样两个部门就能站在对方的立场上思考问题，会获得一个更加平衡的结果。

团队主管一方面要维系好与相关职能的关系，另外一方面也要密切关注在具体场景里某个关系会不会发生变化。**在职场关系中，只有永远的利益，没有永远的朋友。利益是动态的，关系也就是动态的。**

既然与其他职能团队和利益相关方的关系是动态变化的，那管理者就一定有机会主动引导和施加影响，尽可能拥有更多盟友。

但是不要尝试把所有对头都转化成盟友，因为从公司职能设置的角度看，你一定会有对头，一定存在与你不同的声音。**正如彼得·德鲁克所说，如果没有反对意见，就不存在决策。**

如果你提出一个显而易见的好建议，所有人都表示赞成，但此前从未有人实践过此建议，那么这件事在你手里实现的可能性其实并不大，因为会有潜在的反对者或暗地里施加阻力的利益相关方。

建立更多、更广泛的联盟是需要打点的。打点不是给钱或请客吃饭，而是找到与对方利益的契合点。

比如采购部门要引入一个新的供应商，可降本 20%，但质量部门跳出来反对，说新供应商的质量不稳定，不建议引入。如果这时采购部门和物料的使用部门沟通，告诉他们能省下多少钱，这些钱可以做别的用途，就会得到一个盟友，天平可能就会倾斜。

总之，管理者应想尽一切办法，在自己要推进的方案中识别出利益相关方，尽可能扩大盟友阵线。同时时刻关注关系网当中的利益动态变化，预先干预和转化，让想要推进的方案在助力大于阻力的情况下获得批准和实施。

第三章

接手：
接手之后还要掌握

07
如何快速了解下属

"管好人"的第一步是"识人",团队主管需要了解下属都是什么性格、有什么风格、适合做什么事。

很多沟通不畅的情况未必是观点不同所致,而是双方行为倾向不同的结果。比如你是一个理性的领导,有一个比较感性的下属,当你非常严谨地分析他在什么地方做得好、什么地方做得不好时,发现他突然哭了,你手足无措,不知道该怎么办。

充分了解一个人确实需要长时间的接触和观察,但新晋管理者往往没有这个时间。现代管理学提供了很多种工具,能帮助我们将人的行为倾向、性格风格、做事偏好等分型归类,方便相互了解。

职场识人利器1:MBTI行为倾向类型

MBTI,全称为迈尔斯-布里格斯类型指标(Myers-

Briggs Type Indicator），是一种人格类型理论模型。该模型一共有四个评价维度，每个维度包含相互对应的两种行为倾向，排列组合成十六种人格类型，每种类型都有特定的行为偏好和生活方式。目前，MBTI 已经被诸多"世界 500 强"企业引入，成为沟通力、领导力等培训的关键内容之一。

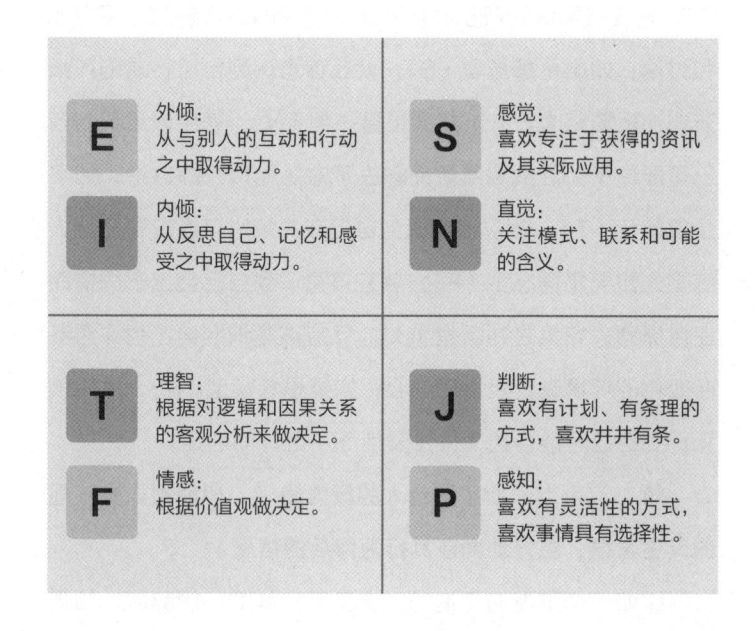

E 外倾：从与别人的互动和行动之中取得动力。	**S** 感觉：喜欢专注于获得的资讯及其实际应用。
I 内倾：从反思自己、记忆和感受之中取得动力。	**N** 直觉：关注模式、联系和可能的含义。
T 理智：根据对逻辑和因果关系的客观分析来做决定。	**J** 判断：喜欢有计划、有条理的方式，喜欢井井有条。
F 情感：根据价值观做决定。	**P** 感知：喜欢有灵活性的方式，喜欢事情具有选择性。

根据 MBTI 理论，人格类型是天生的，代表一个人的初始设置，即在没有外界要求的情况下，一个人更倾向于怎么做。**但是，天生的行为倾向是可以被影响、培训和改变的。**

在团队管理方面，MBTI模型可以起到下面三个重要作用：

第一，帮助了解自己的行为偏好，认识自己的优势和短板。

比如你身为团队主管，如果是外倾型（E），就应该意识到自己会在没有深思熟虑的情况下布置工作；如果是内倾型（I），就应该意识到自己会在不知不觉中回避必要的人际沟通和讨论；如果是感觉型（S），就应该意识到自己容易陷入细节讨论而忽略大方向；如果是直觉型（N），就应该意识到自己可能过于关注战略愿景而省去了对落地执行的讨论；如果是理智型（T），就应该意识到自己在决策时可能没顾及他人感受；如果是情感型（F），就应该意识到自己会出于同情而违背原则；如果是判断型（J），就应该意识到自己也许对不断变化的环境缺乏包容和耐心；如果是感知型（P），就应该意识到自己可能会因为太过灵活而不顾计划约定。

第二，可以帮助了解他人的行为偏好，理解别人有不同的天生习惯，更好地判断其行为背后的信息。

比如一个下属向你抱怨工作又累又难干，想辞职。如果他是一个外倾型的人，你可以一笑了之，因为这个类型的人往往会在不知不觉中表达一时的想法。但如果他是一个内倾型的人，你就需要尽快与其沟通，因为他能找你来说这番话，一定是经过了充分思考。

管理者尤其要注意，多维度特征组合起来的综合影响会有加成。比如一个人既是内倾型又是情感型，那么他来跟你说离职，你就要特别小心，因为沟通时稍有偏差就会强化他的情绪，让结果无可挽回。

第三，可以帮助丰富团队的多样性。

团队主管肯定不希望自己团队中的所有人都是同一种类型，这样的话，做决策和执行的效率或许会很高，但也非常容易走极端。唯有团队成员富有多样性，各种性格、各种风格的人都有，在一起才能够相互补充、相互配合，进而更有竞争力。

职场识人利器2：FFS五因素和压力模型

能力不是万能的，努力也未必一定带来好结果。有时候团队的每个人都很努力，但结果总是不够好。除了能力和方法，每个人是否都在做自己擅长的工作，也是一个需要考虑的因素。

此时就需要使用FFS五因素和压力模型（Five Factors & Stress），它不仅对人们擅长的工作划分了类型，而且总结了各类型的人在面对压力时的典型表现，如下表所示。

因素		A 凝聚性	B 接纳性	C 辨别性	D 扩展性	E 保全性
良性压力特点恶性压力	积极表现	守德	宽容	理性	创造	顺应
		规范	肯定	分析	主动	持久
		（社会性）		（逻辑性）	（适应性）	
		指导	培养	条理	活跃	协调
	消极表现	独善	干涉	机械	冲动	追随
		（非社会性）		（非逻辑性）	（不适应性）	
		支配	自虐	诡辩	破坏	妥协
		排他	逃避	随机	享乐	从属
特征		善于指导他人，责任感强。	经常照顾他人，为人排忧解难。	冷静分析情况，做出合理判断。	创造出新颖、有创新性的事物。	做事注重细节，长期遵守流程。

在压力适中的情况下，谁都会有积极表现。一旦压力过大，超过了承受极限，人在行为上就会表现出消极的一面。每个人，包括同一类型的人，对压力的管理和承受能力都有差异，在同样的环境和压力水平下，有人能表现得很好，有人就会承受不了。

通过识别下属所属的类型，以及观察他们的行为，管理者可以判断下属当前承受的压力是不是已经过大。

下面具体分析该模型中的五种类型。

第一种，凝聚型。这个类型的人倾向于按照自己总结出来的有效标准来衡量事物，遵守规范，并拥有坚定的价值观和信念，不会做自认为不对的事情。在团队中，他们最擅长做质量控制、内控等原则性非常强的事。

凝聚型的人在承受合理压力时，可以很好地维系团队规范，也愿意给别人提供指导。但是当压力过大时，其典型的动作变形的表现就是开始排他，否定所有人做的事；或者独善其身，不管你们怎么做，我自己就是要这么做。

第二种，接纳型。这个类型的人善于自愿、无条件地接纳外部情况，环境发生变化时，他们会接受而不是天然地反抗。对于别人的情绪，他们也能够很好地理解和接纳。这类人适合做需要花心思、有爱心、跟别人互动、体会别人情绪的工作，比如售后服务。

接纳型的人在承受合理压力时，会表现出宽容、肯定他人、会照顾人的一面。当压力过大时，他们就会干涉别人的行动，干涉无效的情况下，就有可能自虐（不一定是生理性自虐，常见的是疯狂加班，或者替别人完成工作），自虐也不行时，就会开始逃避，干脆什么也不管了。

第三种，辨别型。这个类型的人非常理性，遵循逻辑，擅长做分析，能够保持冷静并做出合理判断；也比较讲道理，只要逻辑上讲得通，他们就能够被说服。这类人适合做需要冷静分析和理智判断的工作，如战略分析、决策建议等。

辨别型的人在承受合理压力时，会特别专注于条理。压力过大时，他们就会表现得很机械，陷在自己的逻辑里出不来，用各种诡辩的方法尝试证明自己是对的。当这些都无效时，由于找不到更合理的逻辑支持理性思维，他们反而会失去主见。

第四种，扩展型。这个类型的人特别善于积极利用外部新鲜事物，实现自己视野和能力的扩展，所以适合做尝试性工作，开拓新业务，用新方法破圈破局，如新业务主管、试点项目经理等。

扩展型的人在承受合理压力时会极具创造性，是团队的活跃分子，能够主动承揽各种事务。可是过了压力极限，他们就会变得冲动、有破坏性，甚至沉溺于享乐。

第五种，保全型。这个类型的人相对保守，与其承担风险追求一个机会，他们更倾向于将自身的损失控制到最低，严格恪守流程。这类人适合做需要长期发展、需要耐心，对创新性要求不是很强的工作，如财务、行政、采购等。

保全型的人在承受合理压力时，会顺应规范流程，持久耐劳，保持所操持业务的延续发展。压力过大时，他们就会妥协，追随有权势的人，你怎么说我就怎么做，不再坚持自己应该坚持的原则。

FFS五因素和压力模型的分析更加说明了团队多样性的重要。身在职场，一个团队会遇到不同的事务类型和各种各样需要解决的问题。管理者在经营团队时能够识别、容纳和储备不同类型的人才,遇事才有知人善用的基础,才能让合适的人发挥所长,帮团队解决问题。另外,保持团队成员在合理压力下工作也是团队主管的重要功课。合理的压力可以使下属保持动力,积极主动,不断成长,而压力一旦过大,就会产生动作变形,过犹不及。

工具虽好,但别用错了

可以帮助管理者识人的模型还有很多,**但任何工具都有其特定的应用场景和适用边界,如果使用不当,再好的工具也不会有好的结果**。就像拿着雷神之锤去上螺丝,只能用砸的方式,致使螺纹设计失去了原本的功效和意义。

MBTI 不是用来贴标签的,更不是用来评价一个人能力的。类似 ENTJ 类型的人适合做领导者、ESTP 类型的人适合做企业家、INFP 类型的人适合做调停者等分析,都是该模型的错误应用。

每种职业或岗位都可以由不同人格特征和行为倾向的人胜任,能否成为优秀的领导者或企业家,**最关键的因素是能力而不是行为倾向**。

工具是死的,静态的;人是活的,动态的。工具是基于科学理论和实践经验提炼出来的捷径，能让人有抓手、快速上道，但如果机械地用静态的工具去管理动态的人，肯定会踩雷。

08
如何提高下属的执行力

我经常听到做团队主管的人抱怨说，交代给下属的事总做不到位，来来回回好几次才能得到想要的结果，还说事情其实并不复杂，下属从能力上应该可以搞定。最后得出结论：下属的执行力不强。

事实真的如此吗？

领导安排工作，下属执行，最终得到理想的结果，这一过程中有三个环环相扣的步骤：领导布置任务足够清晰，下属领会意图足够准确，下属的执行能力足够胜任。任何一个步骤出现沟通不到位的情况，都有可能导致结果与预期不符，未必真的是因为下属执行力不强。

交代清楚，理解到位

管理者布置任务时，要把一件事情说明白，可以遵循 5W 和 2H 原则。

5W 分别是：What（具体要做什么事）、Where（在哪儿做或者去哪儿做）、Who（谁来做、和谁做、让谁做）、When（什么时候做、什么时候完成）、Why（为什么要做、要达到什么目的）。尤其注意不要忽略第五个 W，因为下属执行任务时经常需要根据现场情况做临时判断，知晓任务目的，是他准确判断的基础。

解决五个 W 之后，下属还需要知道两个 H。

第一个 H 是 How，即怎么做，这是确保下属领会意图足够准确的关键。关于"怎么做"的沟通应该是双向的。有时是作为主管的你直接告诉下属，建议他怎么做，也有时是下属主动提出另一个解决方案。

第二个 H 是 How much，即做这件事的成本限制。比如租一个拍摄场地，事前讲好预算是 3000 元，下属就可以很明确地去找租金在 3000 元以内的场地。如果没有 How much，即下属没有预算的概念，那么他找来一个 3000 元的场地算是合格，找来一个 5 万元的场地也不能算错。有时候主管对于成本并没有把握，那就可以交代下属先做调研，有一定反馈之后再确定预算。

总之，一件事没有按照主管期望的方式实现，不一定是因为下属的执行力不强。如果 5W 和 2H 都非常清晰，但还是没有得到预期的结果，才应该考虑是不是下属的执行力出了问题。

下属执行力金字塔

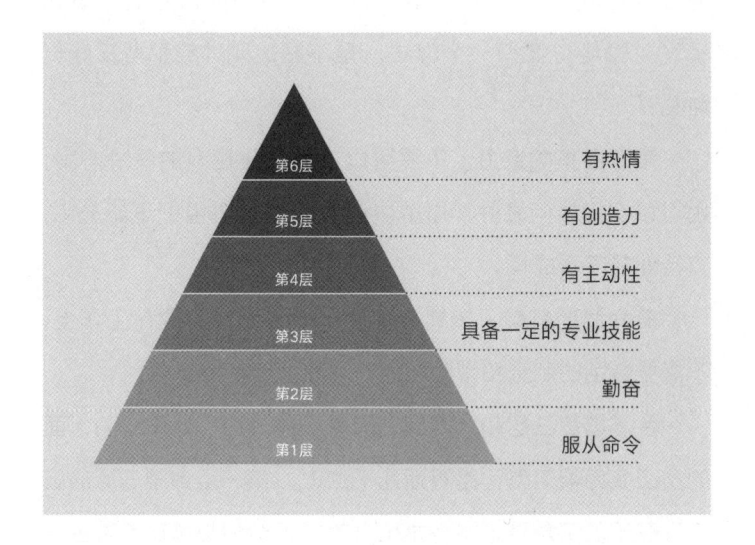

```
第6层 ......... 有热情
第5层 ......... 有创造力
第4层 ......... 有主动性
第3层 ......... 具备一定的专业技能
第2层 ......... 勤奋
第1层 ......... 服从命令
```

第一层是服从。你让他做一件事,他就去做。达不到这一点,就谈不上有没有执行力。

第二层是勤奋。你让他做一件事,他不但服从,还能尽量想办法做好。处于这个层次的下属在执行中遇到问题不会停下来,而是主动尝试不同方式,或者向上司寻求帮助。

第三层是专业技能。在服从和勤奋的基础上,下属还有足够的专业技能,可以自行做判断并解决问题,高效地完成任务。

第四层是主动性。下属不是等着主管安排工作,而是根据岗位职责和业务需求主动找活儿。有事情需要推进时，他会来请教你："领导，我们现在是不是应该做这个事儿了？""领导，我有一个想法，是不是比刚才的那些又好一点儿？"

第五层是创造力。下属可以不断优化已有的解决方案，也可以识别新问题并加以解决，甚至能推进组织不断进化，支持业务不断成长。

第六层是热情。热情会驱使一个人把精力放在工作上，不需要特别的刺激和激励，也不需要管理者提要求。

金字塔第三层和第四层之间有一道鸿沟。处于鸿沟下面的员工多为被动型，是等活儿干的人，第一层到第三层的区别只在于员工是否足够努力和高效，但他们都是在等着主管分配任务。鸿沟之上是主动型员工，第四层到第六层的区别在于他们是只有主动性，还是在主动性的基础上又有了创造力，还是更进一步，在带着热情做事情。

每一个主管在想办法提高团队执行力时，最重要的目标是让所有下属都能达到第三层。只有这样，主管的工作才会越来越轻松，效率才会越来越高。

作为主管，要时刻了解下属的状态。在确保自身已经做到清晰安排任务的前提下，要总结下属的日常工作表现，判断每个人当前在执行力金字塔的位置。对处于第一、二层的下属，要跟他们讨论职业发展规划和专业技能培养，使其胜任岗位职责。

有两种情况需要特别注意，一种是下属始终停留在第一层，不管怎么沟通培养都是推一下动一下，每一步都得盯着才能做出来。对于这样的下属，管理者要么应该安排他去做简单重复性劳动，熟练之后就不需要时时盯着；要么就干脆劝其离开。另一种情况比较矛盾，即某一位下属在有些任务上表现得很有主动性甚至很有热情，但在另一些任务上却连服从都做不到。这往往是因为工作安排与下属的兴趣期望有所偏差，需要管理者做调整。

09
如何激发下属的工作意愿

提高执行力的关键,是让员工从有能力但被动工作转换成主动工作。这就涉及调动员工工作意愿的问题。

他为什么愿意为你工作

根据管理学研究,人的工作意愿大致来自三个维度:目的性、自主性、熟练度。

第一是目的性。面对一份工作,有人最看重经济回报,所以只要能够得到可观的收入,他就会认真工作;也有人更看重工作带来的成长性,只要有锻炼和成长机会,哪怕工资低一点儿也愿意干。作为管理者,一定要知道每个下属来工作的目的是什么。

第二是自主性,即在工作中有多大自主权,是否能自己负责一些事情,是否有决定怎么工作的自由,哪怕自主的范围很小。如今,越来越多的年轻人希望按照自己喜欢的方式工作，而不是按部就班机械地工作。有时候我们认为"95后""00后"不好管理，并不是他们真的不愿意把一份工作做好，而是他们期望获得一份能给自己带来较大自由度的工作。

第三是熟练度。熟练度跟工作习惯相关，有些人喜欢做熟悉的、重复性的工作，有些人则喜欢接触新颖的事物。

明晰下属的工作意愿，才能有效激励。

提升意愿，贵在交心

很多时候，管理者问下属在工作中最看重什么、最想获得什么，得到的往往都是一些冠冕堂皇的答案，比如想获得更大发展、想有更多展示机会、想学习更多知识、想拓宽眼界，等等。这些未必都是真心话。

你跟下属谈心时，是以公对公的态度，还是以真诚关心的态度，他其实可以非常敏锐地把握到。并且，他会观察你的行为，看你安排工作时会不会考虑到他的个人需求。设想这样一个场景：你的下属告诉你他家里出了点状况，需要在家办公几个月，询问是否可以，该怎么应对？你要知道，这是调动其积极性，更好地激励的一个机会。

一个团队永远不是单线联系的。即使这个下属的问题只是他自己的事，这也不是他和作为团队领导的你两个人之间就能处理好的。你们身在一个团队，所有工作都相互关联。你可以把团队成员集结在一起，开诚布公地告诉大家："这位同事家里有事，在今后的三个月里需要在家办公，我们讨论一下，这对我们团队会产生什么样的影响，大家如何协同工作。"

这样做有几个好处：

第一，每个团队成员都会因此担起责任，群策群力，协同解决问题。

第二，经过这件事，所有人都会知道，当自己有困难时，主管一定也会用同样的方式让大家帮助自己。

第三，管理者可以借此机会做出平衡。比如在年底分配奖金时可以有一定调整，奖励那些在关键时刻愿意伸出援手的人，在团队内部创造一个公平的氛围。之后如果有其他同事也出现类似情况，由于团队内部已经形成公平的规范，团队的凝聚力和工作积极性将不会受到影响，甚至得到加深。

培养属于自己的团队

有的管理者认为，如果一个下属的执行力不强，那就可以不问原因、直接将其辞退，找一个能干的人接手，很快新人就能做出业绩,效率更高。这确实是解决问题的一个思路,但绝不是唯一思路。当团队缺乏某种能力时,有两种方式可以解决问题。一种是短平快的拿来主义,直接从外部招人,缺什么补什么,招到新人马上就用。另一种是长期主义,从内部培养人才,先评估下属乃至整个团队能不能培养出相应的能力,然后在内部形成可持续培养人才的机制,这有助于团队的长远发展。

"拿来主义"意味着你所面对的问题在市场上可以找到解决方案,但这是有成本的。假设一个管理者走向极端,做任何事情都遵循拿来主义,会发生什么呢?当他的事业做到一定高度,所面临的问题可能是市场上没有人能解决的,那该从什么地方"拿来"呢?等他发现自己不懂怎么培养人才,市场上也没有可以招来即用的人,那问题就变得无解,他也很难再往上发展了。

10
如何培养下属的能力

不是只要有工作意愿,就一定能把事情做好的。

有的下属,下班后经常加班,甚至周末也勤勤恳恳地工作,但工作绩效很差。主管尽心尽力地教了很多遍,他依旧难以做出成果。还有的下属,主管让他汇报一件事,但他捋不清思路,即使主管再三追问,他也很难清晰地表达诉求,最后当然不会有好的结果。

出现这些情况,问题在于下属的能力没跟上。

假设你是一位销售主管,要求下属把所有潜在客户的电话打一遍,以确定客户近期是否有购买需求。如果下属的能力不足,那就可能出现两种情况:

第一种,下属没做过相关工作。遇到这种情况,管理者不必责怪下属,亲自细致地教一遍即可。

第二种,教过之后下属还是做不好。这里可以有两种解决方式,一是再多教几遍,二是让他不断练习。

这两种情形都是下属能力没跟上业务需求的表现,管理者首先应当分析该下属的情况到底属于以上哪一种,然后对症解决。这看似很简单，但实际上做起来非常难。

培养下属工作能力的利器：GROW模型理论

著名职场教练约翰·惠特默在他的《高绩效教练》一书中介绍的 GROW 模型，为管理者提供了帮助下属确定目标、分析原因、找到差距、改进提升的极佳工具。该理论把能力提升分成四个步骤，全部完成就相当于走完一个闭环，即可达到相应目标。

第一步是明确目标。目标不可以是描述性的，必须清晰准确到无论谁看到都只会有一种理解的程度。

第二步是了解现状。要正确评估下属的现有水平，了解存在的制约条件等现状。

第三步是找到策略或方案。以缩小现状与目标的差距为目的，探索和讨论所有可行的方法和途径。

第四步是规划执行。在可选的方法和途径中确定最佳方案，制订详细的行动计划，执行并追踪。

具体执行方法如下页图所示。

- 你的目标是什么？
- 什么时候实现？
- 实现目标的标志是什么？

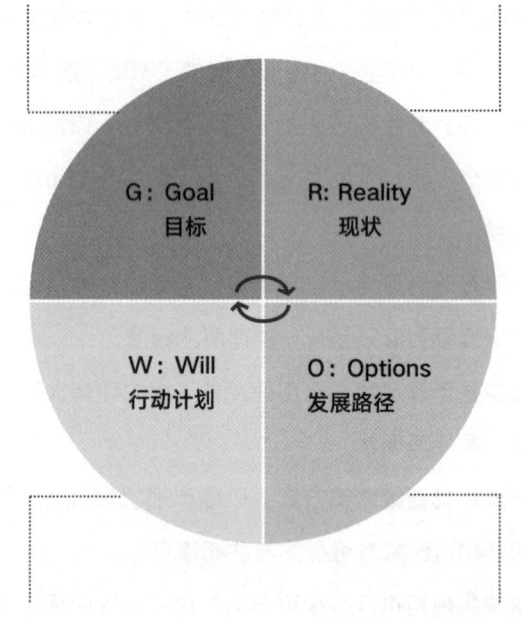

- 目前的状况怎样？
- 你做过什么去实现目标？
- 哪些人和你的目标相关？这些人分别是什么态度？
- 是什么原因让你不能实现目标？
- 其中和你自身有关的原因有哪些？
- 你都试着采取过哪些行动？

G: Goal 目标

R: Reality 现状

W: Will 行动计划

O: Options 发展路径

- 下一步是什么？
- 何时是你采取下一步的最好时机？
- 你需要什么支持？
- 你何时需要支持，以及如何获得支持？

- 为改变目前的状况，你能做什么？
- 可供选择的方法有哪些？
- 你曾经见过或听说过别人有哪些做法？
- 你认为哪种做法最有可能成功？
- 调整哪个指标，可以提高成功的可能性？

066

GROW模型的使用

很多人使用 GROW 模型的方式是错误的,主要有两种情况。

第一,预设所有人的起点相同。

第二,管理者从自己的角度出发,把所有事只当作自己的事,却没有从下属的角度考虑该路径是否合适,是否能准确地调动其积极性、主动性。

那么,GROW 模型应该怎样正确使用呢?

首先,因材施教。要针对同一个人的不同能力去设定不同的培养方式。

其次,让下属成为 GROW 模型的掌控者。让下属自己设定想要达到的职业目标,他就会更准确地评估现状,思考自己可以走什么路径、下一步应该怎么做。

比如一个下属希望在年底成为销售冠军,管理者就可以据此与他用 GROW 模型的框架来对话。首先针对目标来提问:成为销售冠军意味着什么?是销售额超过其他人,还是销量超过其他人,或是客户的数量超过其他人?是所有产品的销量都超过其他人,还是某一个产品的销量超过其他人?对于成为销售冠军,做一个界定清晰的量化定义。要注意,这个定义是由下属确定的,管理者适时提问和引导即可。

目标明确之后，下一步要做的就是分析现状。管理者可以这样和下属沟通：现在平均一个月的销量是多少？这一水平是否足以支撑在年底成为销售冠军？如果下属的现状足以支撑其在年底成为销售冠军，那说明前述目标可能不是一个好目标，因为太容易达成，下属就不会进步。这里很重要的一点是，评估现状时一定要将现状和目标联系起来。最理想的状态是目标要适当高于现状，达成目标需要下属做出更多努力，这样才能达到提升能力的效果。

确定好目标和现状之后，就要分析二者之间的差距。比如下属一个月的销售额是 50 万元，一年 600 万元。若目标定为年销售额达到 1000 万元即可成为销售冠军，那么这中间就有 400 万元的差距。找到差距之后就要引导下属：已经为填补差距做了哪些准备工作？是已经想办法开发新客户，还是在老客户那里想办法拿更多的订单，或是给老客户提供不同种类的产品，使销售额上升？通过这种沟通，让下属基于现状找到自己在年底成为销售冠军的方法。

之后就可以进入第三步，探寻方法。基于下属已经想到的方法，管理者进一步帮助其优化，分析还可以做些什么，以求更高效地达成目标。管理者可以先把所有可能的方式列出来，比如开发新客户、开发新渠道、卖新产品、在条件允许的情况下提高现有产品的销售价格……而后与下属沟通达成一致，选择最合适、最可行的方法。此外还要弄清楚，哪一种方法是需要主管给予投入或帮助的？哪一种是需要团队其他成员配合的？把每一种可能性所需要的资源、支持、帮助、协同都列出来，就可以据此判断出最优路径。

最后一步，做未来规划。一个完整的工作计划要有具体的工作步骤，包括完成每一个步骤所需要的时间及期望达到的结果。

要注意，只有计划是不够的，还要安排定期回顾。比如每周、每个月或每个季度把 GROW 模型拿出来，跟下属一起讨论，看他是否按照详细计划完成了每一步，完成后有没有达到预期效果，是否需要调整细节，是否遇到执行困难，哪些困难是需要团队帮助解决的。

用这种方式循环往复，你就可以帮助下属针对某一个具体的目标提升相应能力。

11
如何与下属谈绩效

新晋管理者很容易在对员工进行绩效评估时遇到困难。评估本身不难,因为企业通常有明确的业绩指标和评判标准,难的是怎么和下属沟通绩效。

缺乏经验的管理者往往不敢和下属直接谈绩效,或者谈着谈着就会发生冲突。绩效对话中最差的一种情况是,平时团队成员之间关系很好,到年终谈绩效时却出现矛盾。

上述问题的核心原因在于,很多新晋管理者认为绩效谈话或者绩效管理是只在年底进行的一次性工作。实际上,绩效管理是一件在工作中持续发生的事。管理者只有脱离这一误区,到年底绩效对话时才可能变得顺畅。

绩效管理是流动的

将绩效管理作为一项持续进行的工作,能在团队内部建立长期的稳定关系,有利于整个团队的健康、持续发展。我建议，可以将一年的管理流程分成以下四部分。

年初：设定绩效目标和期望。如果主管和下属在年底因为绩效是否达到预期、工作结果的好坏发生争执，往往是因为大家对年初制定的绩效目标没有达成一致，或者定的绩效目标很笼统，没有说清楚。所以管理者要与下属一起在年初设定一个非常明确的目标，这样到任何时候都会有清晰的依据。此后，你至少在一年当中还要做后面三件事。

季度末：追踪绩效进度，提供反馈。

年中：复盘绩效进展，做出调整。很多公司会在年中做半年总结，查看年初制定的绩效目标和上半年的工作进度是否匹配，并规划下半年的工作。因为在前半年里，公司内外可能都发生了很大变化，所以年中是一个很好的调整时机。

第四季度：根据业绩状况管理预期，开展绩效对话。此时一年已经过了四分之三，依据前九个月的情况，管理者能够大概判断出全年的绩效目标是否可以达成。

如果前三个季度的绩效基本符合预期，第四季度只要不出意外，年底目标便可以达成。这时，主管和下属要做的预期管理就是预防意外、保持谨慎。

如果前三个季度的业绩距离绩效目标相差太多，团队在第四个季度即使拼尽全力也达不到年底目标，那么管理者要做的预期管理，就是预估团队在最后一个季度尽力争取所有资源的前提下，业绩最终能冲到什么程度，并号召大家想办法，尽量使业绩接近目标。这样一来，等到年底管理者与下属谈绩效时，由于下属心里早有预期，就不会变成一次困难的对话，从而避免了一次性集中爆发所有情绪和矛盾所带来的不利影响。

如果到第三季度全年目标就已基本完成，管理者也需要做预期管理。一个下属只花了九个月时间就几乎完成了全年目标，那就有两种情况需要管理者评估：一是目标可能定低了，二是员工在最后一个季度会选择"躺平"。此时，管理者需要反思年初给员工设定的目标是否合理，面对不同的员工是否应该设定不同的标准，等等。

当然，即使按照上述绩效流程执行，也并不能保证年底的绩效谈话会特别顺畅。管理者可以使用绩效对话表工具，进行具体且有针对性地沟通。

绩效对话表

绩效对话表是一个简单表格，罗列了年初制定的绩效目标和与目标相对应的量化指标。对于不能量化的指标，也需要有一个可以定性评估的标准。表格里的内容应该是年初管理者和下属共同制定的。下图是绩效对话表的示例。

绩效对话表					
年初制定		他说你听	你说他听	双向讨论	达成一致
绩效目标描述	量化指标	绩效自评 是否达到目标＋原因＋案例	主管考核 是否达到目标＋原因＋案例	差异 目标、自评和考核结果间的差异	原因

使用这张表格时，需要有三个回合的沟通。

回合一，他说你听。有了年初的量化指标和定性评估标准，管理者可以先让下属自己对照表格中的指标和标准，判断自己的绩效水平。评估有两种结果：达标，不达标。针对所有不达标的情况，管理者都可以让下属写清楚原因，以及为了弥补差距做了哪些努力。

回合二，你说他听。主管用同样的打分表，基于同样的评分标准，为下属打分。你需要从团队主管的角度评估下属的业绩与目标的差距，分析有差距的原因是什么。也要说清楚，作为主管，你为员工缩小差距提供了哪些支持。

回合三，双向讨论。把两份表格放在一起评估。表格中重合的内容是双方达成一致的，不一致的部分则需要你和下属依据事实讨论、评价，最后形成都认可的结论。

有时下属会发现自己没有百分之百完成业绩，只给自己打了 80 分，这可能是因为年初制定目标时过于乐观。尤其是下属给自己定业绩目标的时候，往往内心充满雄心壮志，认为一定能完成，而到了年底自评时，他经过理性地回顾才意识到原本设定的目标并没有那么容易达成。发生这种情况有两个好处：一是差距显而易见的，双方都会认同；二是员工在制定下一年的目标时会更加理性，定一个真正能达成的目标。

反之，如果下属在年初将目标定得太低，轻易即可达成，那么通过这一张表格，他也能发现问题。这时，绩效对话的重点就应该是下属对自己是否不够自信，明年制定目标时是否可以更加激进。

使用绩效对话表会使双方在客观事实面前理性地讨论，从主管的角度来说，进退有据，进可攻，退可守。

12
如何打好激励组合拳

很多新晋管理者，甚至一些非常有经验的大企业管理者，对激励的理解还比较原始，认为激励就是给下属发奖金。常见的观点是，年底发奖金，一是奖励下属过去一年的工作绩效，二是激励下属在来年做得更好。

但奖金只是激励的一部分。有的员工会认为，"有钱难买我高兴，给再多钱，我还是不开心"，或者"我宁愿找一个薪水没那么高的工作，也要离开这个让我不开心的环境"。还有的人认为，钱并没有太大的激励作用，多给一点不会让他发大财，少给一点他也不会因此过得不好。钱对于不同的人在不同阶段的激励效果可能是完全不一样的，所以管理者考虑如何激励下属这个问题时，可以从两个方面入手。

第一，哪些东西可以用作激励。很多管理者在给予员工激励时，并不清楚自己手上有什么可作为激励手段的东西。对待一份工作，每个员工的需求可能是不一样的，工资奖金、工作时长、工作强度、平台可提供的机会，甚至通勤时间都可能成为主要的考量。如果管理者只按照自己的想法，始终把现金激励当作唯一手段，那可能会在某些人身上或者在某个时期达不到预想的效果。

第二，下属都有哪些偏好。就像在饭店吃饭，点菜的人首先要明白在座的一桌子人都有什么偏好，是否有忌口，才能点出让大家都满意的菜。打出激励的组合拳和点菜是一个道理。

从一张"激励清单"开始

主管怎么打好激励的组合拳，既让员工满意，又对自己的规划有促进作用？关键就是一定要知道自己手上有什么。

管理者可以自己整理出一个激励清单表格，列出所有可能的激励手段。

从激励的类型来看，可以分为财富激励和非财富激励两大类。从激励的时效性来看，又可分为短期激励和长期激励。短期激励是一次性的，长期激励则面向未来，是在以后才会兑现，或是能在未来发挥长久激励作用的方式。比如年底发放奖金是短期激励手段，涨薪则属于长期激励手段。

下图是激励清单的示例，可供参考。

激励类型		短期	长期
财富激励	现金	奖金	涨薪
	股权	干股	限制性股票、期权
	实物	表、车	房
非财富激励	机会	培训	新项目、新市场、新业务
	权利	升职	调岗、职权扩大
	荣誉	小红花、奖状	称号
	特殊地位	独立办公室、专车	

有了这张清单,管理者就可以设计不同的激励方案,下面推荐两种"组合拳"。

组合拳之一,财富激励。

管理者首先可以把金钱作为激励手段打一个组合拳。有的员工可能近期有大的开支,更需要现金,主管就可以给他更多短期激励,比如多发奖金。有的员工不急于拿到一次性奖金,而是期望工作能带来持续增加的回报,这时管理者就可以根据员工表现给该员工涨薪,提升其来年的工作意愿,稳固其与公司的连接。

不同员工有不同的需求，管理者需要在权限范围内用合适的方式调整。比如股权，分为干股、限制性股票和期权，因为行权和授予的条件不一样，因此能够带来的激励效果也不一样。干股在短期的激励效果非常明显，而期权看的是未来，还有行权价的条件，拿了期权的下属可能更看重长远回报。

组合拳之二，非财富激励。

在非财富激励中，有一些是新晋管理者甚至一些管理老手都会忽略的激励手段，比如培训机会。有的下属希望获得能力的提高，那么培训机会就可以变成一种激励，甚至可能出现为了获得培训机会，下属愿意降低奖金或来年涨薪幅度的情况。还有负责新项目、开拓新市场的机会，也都是管理者权限范围之内可以使用的非财富激励手段。

除了这些，升职也是一种很大的激励。升职包括直接的职位晋升，也包括扩大员工现有职权的范围。

另外，荣誉认可也可发挥一定的激励作用，比如首席专家、销售标兵等称号。有时，给予员工荣誉的激励效果比直接给奖金更好。

下表是一个激励组合拳的应用示例。

下属姓名	绩效结果	需求意愿	激励组合
张三	优秀	有野心，希望获得职业发展	升职、涨薪、扩大职权
李四	良好	希望提高个人能力	培训、少量奖金、承担新项目
王五	优秀	希望工作稳定，不愿冒险	奖金、期权、荣誉称号

激励分配的艺术

每个人都会从自己的需求出发，选择自己想要什么，不想要什么。激励手段要想达到目的，就绝不会存在一个放诸四海而皆准的方式。对一个好的团队主管来说，最重要的是发自内心地关怀你的下属，用心了解你的下属，提供给下属真正需要的资源。

有一个热词叫"工具人"，意思是人与人之间的交往完全变成了工作关系，所有人都是大工具上的零部件，零部件之间互相发生碰撞、磨合，把动力传过去，把产品做出来，彼此之间则是冷冰冰的，没有人情的温度。

怎么打破这种关系？首先要让自己不变成工具人。如果管理者不是一个工具人，不以工具的方式对待下属，你获得的就不是工具与工具之间的碰撞，而是人与人之间的交往。**只有通人性才能达人理，最后才能真正让团队变得有凝聚力。**永远要记住，**通往真诚的唯一道路是自己首先要真诚。**

第四章

优化：
有进有出方能不断提升

13
如何优化团队

有时团队所有成员都很努力，个人能力也都不弱，但整体绩效不尽如人意。之所以出现这种情况，可能是团队的人才结构、能力匹配出现了问题。

就像一支足球队，要同时满足两个维度的要求才能有好成绩。第一是结构完整，队伍里有前锋、中场、后卫、守门员，每个位置都有人，才是一支完整的球队。第二是每个位置上的人都要有相应能力。

所以，管理者要像熟练的足球教练那样，从结构完整性和能力高低这两个层面对团队做人才盘点，看能否满足实现业绩目标的要求，在哪个方面还有欠缺，然后有针对性地调配、排兵布阵。

管理者可以使用团队人才盘点清单这一工具来做这件事。盘点表共有五列，具体用法如下。

需要的能力	是否具备	水平如何	是否需要增补	如何增补
A	无	/	需要	外包 （如果市场没有具备这种能力的人或团队，则需要自己培养）
B	有	不够用	需要	学 （学不会就辞退）
C	有	够用	不需要	/

第一列，写出为了完成目标，团队所需要的能力。

以足球队为例，团队中需要有前锋、中场、后卫、守门员，并且在能力上还需细分，比如需要一个什么样的前锋，是站桩高中锋，还是能带球突破的，或是能走位抢点的。管理者可以按照自己排兵布阵的需求，列出团队具体需要具备什么样的能力，能力结构是什么样的。

第二列，判断团队成员是否具备所需能力。

一个人可能具备不同能力，一种能力也可能被很多人所拥有，所以这里判断团队是否具有某种能力，并不是指团队中有没有相应的专人，而是综合来看团队是否具备相关能力。

第三列，判断团队的已有能力够不够用。

这里涉及两个维度，一是团队水平够不够，二是人才数量够不够。比如一个摄制团队有两台摄像机，需要两位摄影师，但现在只有一个。摄影师能力是够的，但人员数量不够。管理者要注意，团队能力水平足够，但人才数量不足，也会导致任务无法完成。

第四列，查看是否需要补充。

既然已经从"有没有"和"够不够"这两个角度对团队的人才结构和能力做了判断，接下来就应该考虑是否需要补充人员。

第五列，判断怎么补充。

对于能力、结构或数量的缺失，可以考虑从以下三种途径补充。

第一种，内部自学，通过学习就能使下属具备所需能力。

第二种，外包，从外部请一个具备相关能力的人把这个环节补齐。外包的方式适用于短期需要的能力，对于长期需要的能力，这样做就存在成本高和稳定性差的风险。

第三种，招人。如果不方便外包，需要内化能力，就应该招聘具备相应能力的新成员来解决问题。

通常情况下，如果团队明显缺乏某种能力，那么最快的解决办法是外包或招人。

如果对于某种能力，团队不是不具备，只是水平有所欠缺，那更好的解决方式是通过内部学习来提高。在内部培养能力，由于员工之间更加了解，需要的磨合时间更短，也就更容易出成果。

每次接受新任务或创建新项目，管理者都需要对团队做一次人才盘点。

14
如何招到合适的人

招聘,听起来很简单:缺人时发个告示,等合适的人投递简历,面试时感觉还不错就录用,入职之后发现不合适就将其辞退。但管理者如果想保持团队的稳定性,让业务不受影响,招人就一定要精打细算。

管理者招募团队成员,从一开始就要有明确的目标,才能通过筛选简历和多轮面试找出在能力和性格方面最合适的人。

在常规招聘流程中加入"快速谈话"环节

常见的招聘流程包括简历筛选、面试、录用。从统计数据来看,整个流程呈漏斗形,应聘者最容易在简历筛选阶段被淘汰。但是在这个阶段,原本合适的人选也可能被误刷掉。因此,我建议管理者在招聘时增加快速谈话环节。快速谈话不需要太长时间,10—15分钟即可。管理者可以打电话给应聘者，确认以下几个信息。

第一，基本信息。包括是不是本人应聘，现在是否还在职，职位是什么，对本公司的哪个职位感兴趣。

第二，关键信息。能进入快速谈话环节的应聘者，通常是简历尚可但不确认能否达标的人。因此在这个环节，管理者可以与对方进一步确认重要信息，比如做某个项目的经历，在团队中担任的角色，参与项目的深度等。通过几个简单的问题，即可确认管理者原本拿不准的信息，以此作为依据，再考虑是否面试。

第三，感受候选人的性格、风格及与本团队的契合度。

最常见的面试误区

"假设你有一万块钱，你打算怎么花，买哪些东西？"这是一道真实的面试题。我大学毕业刚找工作时，一家化妆品公司的面试官问了我这个问题。我当时愣了一下，回答道："如果你给我一万块钱，我就去买一台笔记本电脑。"对方也因为我的答案愣住了（这大概不是他想要的答案），接着问："然后呢？"我也只能接着回答："然后就花完了啊。"接下来是很尴尬的沉默，双方都不知道该如何进行下去。

面试官想要的答案和我给的答案根本不在一个维度上。

作为一家化妆品公司的面试官,他可能想知道我有怎样的品位,会怎么通过穿衣搭配来展现自己的独特审美。但我是一个耿直的理工男,秉承"钢铁直男"的性格,真的会买一台笔记本电脑。其实我还有一句话在心里没有说出口:"一万块可能不太够。"我确实正面回答了问题,而且极其高效,但显然面试官并不满意,因为他的提问意图没有达到。我给的回答不一定是错误的,但显然是错位的,所以那次求职也就没有后续了。

在面试阶段,面试官通常会让应聘者先做自我介绍,这其实是一个无效且浪费时间的流程。毕竟你已经看过对方的简历,可能也与其打电话沟通过。如果介绍的内容与简历相同,那就浪费了时间;如果内容不同,那就证明此前的简历筛选和电话沟通都毫无意义,需要优化流程。

在面试乃至整个招聘过程中,要确认的只有两件事:面前的人是否与简历相匹配,是不是自己愿意招进团队一起共事的人。最好的结局是,应聘者确实做过相关工作,具备如他所说的能力,进团队之后能很快融入。通常招聘失败的原因就是管理者没有看出应聘者在真实工作环境中的表现、在面试中的表现、在简历上的描述这三者之间有何差异,这其实是招聘流程中某些环节没做到位导致的。

哲学面试法

糟糕的面试是"心流式面试"。面试官对整个过程不加干预，随意提问，或者根据候选人的简历信息草率提问，以此判断应聘者能否胜任，这是很不负责任的做法。

有效的提问是结构化提问。即先有一个预设的结构，每部分要问的问题、要做的判断、要下的结论都是确定的。

我把结构化提问称为"哲学面试法"，因为提问的内容可分成三个部分，就是最经典的哲学三问：你从哪儿来？要到哪儿去？要干什么？

面试其实就是弄清三件事：第一，应聘者过去的经历是什么，在这些经历中能否找到体现其能力的关键点；第二，应聘者未来要承担的职责是什么，是否具备所需的能力；第三，应聘者在面试过程中表现出来的态度、沟通方式、性格等是否与团队的风格或需求一致，将来是否能融入团队。

前两个部分是考察能力的，第三个部分是考察感觉的。"管理是科学和艺术的结合"，从这个角度说，前两个问题考察的是科学部分，第三个问题考察的是艺术部分。

下面具体讲讲这种面试方法，共分四个环节。

第一，问过往。管理者可以一开场就告诉应聘者，已通过简历知道了其基本情况，无须再做自我介绍，然后在应聘者的职业经历中挑一段自己感兴趣的，让他详细介绍，以深入判断对方是否真的具备相关能力。

典型的问题包括：请描述你参与过的某个项目的背景、遇到的困难、要解决的问题。这个项目的团队是如何构成的？你在这个团队中担任的角色是什么？在完成这份工作时，你的工作步骤是什么？真正实施时，哪一个环节出现了问题？你是怎么应对该问题的？诸如此类。管理者可以挖掘最细节的地方，验证对方是否真有相关经历。最后再问一句：假设有机会重来，你认为在哪些方面可以做得更好？这个问题考察的是对方是否复盘过，是否有能力通过复盘进一步提升自己。

第二，问未来。招人是为了补足团队在人员结构、数量或水平上的缺失，期望新人能够融入团队并做出成绩，所以在面试环节可以用预设的方式提问，考察应聘者能否应对未来工作中的问题。比如这样问：下周要见一个本团队从未接触过的客户，向其推荐公司产品，如果让你去接触客户，你会做哪些准备工作？会怎么推荐？后续会如何跟进？甚至可以将问题细化：你会做哪些信息收集工作？你打算怎么和客户接触？和客户接触时，你怎么获取客户的需求信息？怎么判断我们的产品是否能满足客户的需求？怎么向客户推荐我们的产品？当客户有问题时，怎么在公司内部找答案？只要问得足够细，就可以准确地判断出对方是否能胜任相关工作。

这里最重要的不是看结论,而是看其工作的思路方法。

第三,问态度。其实通过前期沟通,管理者已经能够大致了解应聘者的工作态度和为人处世的模式。现在进入面试阶段,管理者还需就工作内容本身,询问应聘者的态度。比如,作为销售人员,工作时间可能不固定,你对此是否有顾虑?我们的工作充满了不确定性,你可能很难迅速获得订单,需要不停地和团队、客户沟通,最后可能还无法获得好的结果,你怎么看待这种情况?这份工作需要长期出差,你是否能接受?通过这些问答,管理者也可以了解应聘者对工作的态度。

第四,看危险信号。在前述三个环节中都可能出现一些危险信号,管理者要特别留神。

危险信号一:过于笼统,没有细节。如果问了很多细节问题,但得到的回答都是特别笼统的,就需要格外注意。这通常意味着应聘者要么没有真的做过这件事,要么做事时浮于表面,没有深入思考。

危险信号二:理所当然。当问到某项工作中可能出现的问题时,应聘者的回答是"这种事根本不可能发生"。这时要特别小心,因为工作中就是会遇到各种各样的问题。如果应聘者想事情总是用一种理所当然的态度,认为自己不会遇到挫折,说明他对内外部环境的认知比较浅显,没有用开放的心态来思考各种可能性,在今后工作中遇到意外情况时就可能进退失措。

危险信号三：易有负面情绪。如果应聘者被问到很多细节时出现较强的情绪波动，比如不耐烦或抵触，那就说明他可能不自信或心虚了。

危险信号四：过度准备。如果应聘者回答问题时不需要思考即可脱口而出，那就说明这些答案都是他事先准备好的，并不能体现其真实水平。这时需要提出一些面试者无法提前准备的问题，甚至是一些天马行空、看似与工作毫无关系的问题，比如对社会热点的看法等，以此考查其真实水平、处理问题的思路和应变能力。

如前所述，**面试的过程是科学性与艺术性结合的过程**。事实的部分是可以量化的，能够给应聘者打分。而对于颇具艺术性的部分，很多时候其实是应聘者给面试官的感觉。

有的人似乎能力一般但给人感觉良好，有的人看似能力很强但总让管理者感觉与团队不对路。当二者同时出现时，你会选择哪一个呢？**这时不妨把科学性放在一边，根据认知、感性做选择**，毕竟团队之间的交互始终是人与人之间的交互。

如果一位应聘者能够很好地融入团队、很好地工作，即使他的能力并非最强，但是他愿意学习，经过锻炼可以获得能力的提升，团队最终也能获得很好的结果。而一个单打独斗难以融入团队的人，是无法做出成果的。管理者招人实际上是招自己团队需要的人，因此不仅要从能力上考察面试者，也要综合考虑这个人是否能够成为团队的一员，以及有了这个人之后，团队是否会变得更好。

15
如何辞退不适合的人

管理者既要懂得如何招聘,也要懂得如何解聘。

什么样的人应该被辞退

解聘有法律可依,有公司的章程可依,所以只要合法合规,就没有难度。难点在于判断到底什么样的人应该被辞退。我认为,以下两种人应该被辞退。

第一种是扰乱团队氛围的人。有的人不管能力强弱,就是没有人愿意与他合作。这样的人往往性格怪异或自私,和他一起工作让人感到别扭。

第二种是虽然勤勤恳恳但始终不出成果的人。这类员工非常勤奋,愿意学习,也肯花时间,但就是学不会,没有办法产出管理者想要的结果。这样的人通常会让管理者特别纠结、为难。说他有问题,但他老实又勤奋;说他没问题,他又总是卡壳、拖后腿。

团队优化不等于裁人

管理者可以用团队优化矩阵仔细分析团队成员的表现。

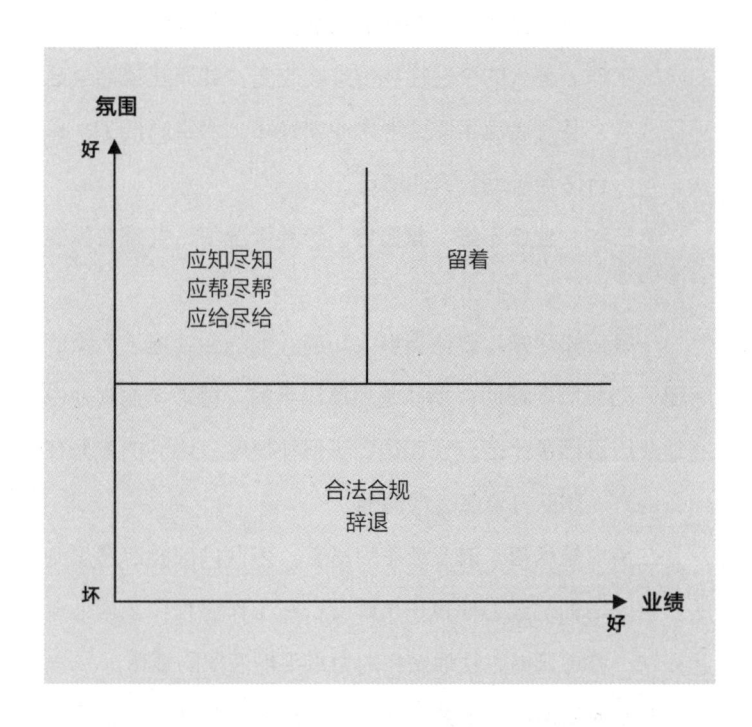

```
氛围
好 ↑
   |
   |    应知尽知        留着
   |    应帮尽帮
   |    应给尽给
   |_____
   |
   |         合法合规
   |         辞退
   |
坏 |_____→ 业绩
              好
```

矩阵有两个维度,一是氛围,一是业绩。按氛围好坏、业绩高低,可分成三种情况。

第一种,业绩不好,氛围不好。显而易见,这种人是首先要被辞退的。把他"请"走,团队的业绩会好一些,氛围也会好一些。

第二种，业绩好，氛围不好。如果一个人的存在让团队氛围变得更差，管理者可以和他直接谈话，与其沟通团队的共同价值观、应共同遵守的纪律，看他是否能按照团队需要的方式工作。但人的个性往往很难被改变，如果在谈话之后不见成效，管理者就不需要考虑业绩好坏、水平高低了，直截了当、合法合规地辞退他即可。

第三种，业绩不好，氛围好。这种情况下，管理者需要做更多工作，做到四个"应尽"。

一是应知尽知。要让当事人知道：他的业绩拖了大家的后腿，如果需要帮助，团队是愿意出手的。管理者要跟他说清楚业绩目标是什么、现在达到了何种程度、中间的差异在什么地方、团队打算怎么帮助他。

二是应帮尽帮。对业绩差的员工，团队内部要尽量想办法。可以培训他或为他找一个师父；在工作过程中多帮他查漏补缺；考虑调岗，让他做和能力水平相匹配的事情。

三是应给尽给。如果上述两个"应尽"都做了，还是不行，就需要和这位员工沟通离职事宜。但是在离开团队时，不管是团队成员还是团队主管，都要对其应给尽给。除了合法合规的离职补偿，还可以给他更多时间。比如按照法律规定，提前三十天通知就可以解除劳动合同，但是管理者可以给他三个月甚至六个月，让他有足够的时间找到新工作。此外，国家规定解除劳动合同的补偿是"n+1"，但是为了感谢他给团队做出的贡献，管理者在力所能及的范畴之内可提供补贴或更多的补偿，帮他度过这一段从失业到再就业的过程。此外，一些荣誉称号、重要项目的参与机会等能在简历上添光加彩的东西，能给的都要给。

四是应开尽开。做到上述三个方面之后，不管是作为同事、团队的主管，还是作为朋友，都已经仁至义尽。这时，管理者要有应开尽开的心态。**管理者带的是一个团队，要对整个团队而不是某一个人负责**，把不合适的人留下，会导致劣币驱逐良币，慢慢地破坏团队氛围。面对不合适的员工，管理者一方面要提供帮助，另一方面也要放下私交，该下手时就下手，该辞退的要辞退。

需要注意的是，"氛围好"并不是说一团和气没有矛盾，**而是大家目标一致，相互坦诚，彼此尊重**。

不管是基于什么样的原因、用什么样的方法辞退一个员工，管理者一定要遵守的底线是合法合规，千万不要为了省一点赔偿金而做出一些不好的行为。还有，不管出于什么目的，辞退员工都要尽量保留体面，保留他和团队的尊严，因为江湖再见必有时。

16
如何处理团队的公私关系

当团队的氛围比较好、成员之间关系比较亲密时，可能会出现公私混淆的情况。管理者如何在与团队成员的交往中保持合适的分寸感，处理好和下属的公私关系？

自然流交往：最适合管理者的职场人际关系模式

不管是在团队内部还是在公司内部，维系人与人之间的关系，有三个重要原则。

第一，**尊重规则**。作为管理者，不管和下属的关系有多好，请示、汇报、审批等流程都要按照公司的规矩来。

第二，**对事不对人**。不管是表扬还是批评，判断的依据都应该是事情本身。管理者必须一碗水端平。同一件事，朋友做了就表扬，别人做了找碴儿，这种情况绝对不能出现，否则就失去了公平公正的基础。

第三，**不能因私废公**。团队成员不能让自己的个人利益凌驾于团队利益之上。团队主管在分配工作时，也不能因为自己的喜好而随意分配，比如把难做的工作留给和自己关系比较疏远的人，把好做的工作留给和自己关系比较亲近的人。应该考虑的是，谁最适合做这件事，谁的能力最匹配、效率最高。

上面的三个原则具体怎么运用呢？可以采用"自然流交往"的方法，即不要刻意调整，自然地与员工交往。

刚当上管理者或刚刚接手一个新团队时，首先要对自己和下属的关系远近做个判断。团队中必然有人和你走得比较近，有人与你关系比较疏远。如果某个人之前与你的关系就比较疏远，那么基于自然流交往原则，你无须刻意与他拉近关系，以免尴尬。有机会时，大家坐在一起吃吃饭、聊聊天；没机会时，维持正常的工作关系即可。当下属向你寻求帮助、找你谈心、与你沟通时，你一定不能拒绝，要怀着开放的心态与其交流。但平常状态下不要"没事找事"，维持自然的交往即可。

最难处理的其实是原本比较亲近的关系。很多时候，团队里出问题的就是那些和主管关系最好的人。当下属失了分寸感，没了距离感，认为和主管的私人关系非常好而做出一些违反规定的事时，管理者的态度和处理方式通常会对整个团队的氛围产生重要影响。

团队内部人际关系的"三大难题"

难题1：就地升职，如何处理和好朋友的关系。

在一个团队中，你因为表现好而变成了主管，原来与你并肩作战的朋友成了你的下属，这时你该怎么管理团队？

首先要判断这些人是真的跟你关系好，还是想打着你的旗号捞好处。如果真的是好朋友，可以直截了当地告诉他们，你现在晋升为主管，于私，你们还是好朋友；于公，该做的事、该走的流程都不能少。**所谓的分寸感，就是管理者要分辨出什么时候你是你，什么时候你是你的角色。**一个真正的、交心的朋友，或者没那么交心但明事理的朋友，一定会理解你。

常言道"人生如戏，全靠演技"。在职场上，一到上班时间就要马上进入角色状态，下班之后就可以做回自己。是哪个角色时，我们要尽心尽力地履行好哪个角色的所有职能，这是作为一个职员的基本素养。

还有一种比较棘手的情况，即你和另一个团队成员共同竞争主管的岗位，你因为表现较好就地升职，他则成了你的下属。如何处理这种关系？作为主管，你应该先释放善意，把团队中比较重要的事以一个相对较高的自由度交给他做，不必严格监督其具体工作。重点是听其言、观其行。如果他全力配合，能够成为团队中发挥重要作用的人，你就可以和他维持这样的工作关系。如果他始终不听从管理，处处试图证明他更适合当主管，变成破坏团队氛围的人，让整个团队的工作效率降低，就应该坚决将其"请"出团队。

难题 2：下属抱团，该如何处理。

下属和主管之间天然有一定的距离感，而下属和下属之间的交往通常比较自然、亲近，出现这种情况是人之常情，管理者不需要干涉。但如果因为关系好而违反了上述三个原则，比如该走的流程没走，该做的请示、汇报没有做，员工之间自己商量后就私下做决定，或者大家在讨论时对人不对事，主管都需要介入。

发现团队内有抱团现象，该如何处理呢？如果下属们一起与主管作对，主管可以使用权力将矛盾分化，进而慢慢解决矛盾。但不管怎样，始终记住人与人的交往是双向的。其实，当主管和团队成员都遵守上述三大原则、都致力于公事时，大家就是一体的，不存在抱团和分化。而下了班之后，不管谁和谁交往、吃饭，都是个人的自由，主管没有必要干预。

难题 3：组织团建，怎样才能受欢迎。

很多公司会在周末组织团建，常常弄得员工怨声载道。周末只有两天休息时间，还要参加自己不喜欢的活动，员工当然不愿意。团建不能是主管凭自己的意愿让大家付出，**所以只有带薪团建才是真的团建**。把团建安排在工作日，作为工作的一部分，才是真的为员工着想。

团建的内容也不能是主管觉得应该怎样就怎样，主管喜欢爬山，大家就要去爬山，主管认为大家应该挑战自己，就来个戈壁徒步二十五公里。正确的做法应该是主管出预算（比如，人均不能超过多少钱）并拟定范围（比如，不能超过一千公里范围、不能出国、不能做危险的事），这两项定下之后，团队成员就可以自己商量怎么组织团建，最后带着主管一起参加。

这才是团建，团队一起做建设。

无论在工作中还是在生活中，每个人都在不停地扮演各种角色。人与人的交往，一旦有场合的限定，就变成了角色和角色之间的交往，每个人都要做角色该做的事。**不管是管理者还是员工，都应该把角色要做的事和个体要做的事区分开。**

主管能否真的和下属打成一片，在于是否用真心对待下属。能成为朋友固然很好，不行的话，大家也能够成为很好的同事。

17
如何营造团队氛围

团队中每个人都希望有和谐、轻松、积极、向上的氛围。如果一个团队有共同的目标，又有共同遵守的规则，就意味着所有人的力量都在朝着一个方向使，此时团队的战斗力是最强的，氛围也是最好的。

团队发展有一个完整的生命周期，从最开始组建，到最后解散。在这个周期里，阶段不同，营造团队氛围的方法也不同。

美国心理学教授布鲁斯·塔克曼于 1965 年提出了团队发展阶段模型，把团队的整个生命周期划分成五个阶段：形成期、冲突期、规范期、表现期、解散期。该模型适用于任何一种类型的团队。

我建议管理者根据每个阶段的不同特点，在团队内组织至少一次"我有一个……"活动。

形成期:"我有一个故事"

刚刚组队时,团队成员可能是第一次碰面,彼此之间会保持尊重,即便看到一些并不赞同的事情,也不会直接说出来。大家做事都相对积极,朝着共事的方向努力,氛围相对和谐。

在这个阶段,管理者要组织的交流活动是"我有一个故事"。

我在麦肯锡工作时就经历过一次这样的交流活动。公司召集了来自全球各地的二十四个人,一起飞到美国盐湖城,住在郊区的一家小旅馆。培训第一天,我们在房间的地板上画一条很长的箭头,让团队里互相不认识的人手牵手,沿着箭头从起点往前走,每走一步,就讲一个自己的成长故事,按照时间顺序,从最早能记得的事开始,走到你当前的年龄就停下来,然后向伙伴介绍自己在未来一年、三年、五年、十年甚至二十年的规划。

在有限的交流时间中,我无法深入了解所有人,但对与自己交流过的同事有了更深的认知。这段经历对我触动很深,我一直记得当初和我手牵手一起分享故事的人,以及他们分享的故事。

冲突期："我有一个问题"

团队形成之后，便需要全员协作完成一些任务，因此不可避免地会出现摩擦、碰撞，甚至争论。冲突期来得晚不如来得早，不管是行为方式、工作习惯还是性格差异引起的冲突，越早显现越好。问题爆发得晚，可能积怨成疾。所以管理者要想办法让团队尽早进入冲突期，而解决问题的过程，就是大家相互适应、相互碰撞，形成共同规范的过程。

在冲突期，管理者要组织的活动是"我有一个问题"。目的很明确，就是希望大家把可能出现的冲突摆到台面上。当所有人都把自己看到的问题拿出来讨论，所形成的结果就是大家希望共同遵守的原则。所以，"我有一个问题"能不断加速团队成员之间的磨合，让团队更快地进入规范期。

规范期："我有一个规则"

一旦形成了团队成员需共同遵守的规范，就进入了规范期，在这个时期要求同存异。有的人工作速度慢，有的人工作速度快，速度快的可以迁就速度慢的；有的人喜欢早上工作，有的人喜欢半夜工作，二者可以轮流上岗。这都是磨合。

一个团队很难直接从冲突期快速完整地过渡到规范期。随着团队的运行，一些隐藏的、没有那么早显现的冲突会逐渐暴露出来，因此团队的发展会在冲突期和规范期之间循环往复。

在这个时期，团队要做的活动是"我有一个规则"。全体成员一起讨论被提出的规则是否可以成为整个团队需共同遵守的规范和原则，然后将所有人都认可的内容汇集起来。这些规范和原则既是操作手册，也代表整个团队的价值观。这样的交流可以使团队慢慢变得有凝聚力、有战斗力、方向明确，氛围会变得越来越好。

表现期："我有一个建议"

团队在各个方面都形成了稳定的规范后，就会进入高效运转的阶段，即表现期。

这个阶段可长可短，只要团队还存在，就可能一直延续。在这一阶段团队成员可能发生流动，团队的发展会随之在某种程度上重复此前的三个阶段，然后再回到新的表现期。所以表现期不是线性的，会因为团队成员、环境、工作内容的变化而发生回转。

在表现期的活动是"我有一个建议"。规则是固定的，但事、人、环境都是变动的。当环境、事件发生变化时，过去的规则不一定仍然适用，或者不一定最好，所以需要不停地优化，以实现团队的自我提升。"我有一个建议"可以让团队成员畅所欲言，提出好的建议，使工作更高效。

解散期："我有一个念想"

团队的发展走到尽头就进入解散期。这时也应该组织一次活动，就叫"我有一个念想"。团队虽然要解散了，但人还在，共同的经历还在，关系还在。管理者可以用"我有一个念想"延续在团队中建立的信任关系，所谓"曲终人不散"。

我在麦肯锡工作时参加过很多项目团队，其中南京的一个汽车客户项目的团队最为难忘。那是我在麦肯锡参加过的人数最多的一个团队，共有十名成员。我们一起工作了六个半月，项目结束团队要解散时，我们互相留了一个念想，约定每年8月在南京我们常去的小龙虾店聚一次，去我们经常去的玄武湖公园走一走，在我们经常拍照的地方用同样的姿势拍照留念。从2015年项目结束到现在，我们都按照约定每年相聚。我的相册里面始终留着一堆从2015年至今大家聚会的照片。

总之，调动团队氛围也不存在"一招鲜吃遍天"的方式。管理者需要根据团队特点、所处阶段、需求、目标的不同，灵活处理，尽可能帮助整个团队快速、平稳地度过某一个阶段，进入下一个阶段，直到稳定在表现期。之后，管理者就要帮助团队延长表现期，尽可能保持基业长青。

第五章

成事：
事管不好，件件烧脑

18
如何定义成事的目标和标准

一个团队能否被称为有战斗力的团队，是由其能否"成事"决定的。管理者做所有的事情，都是为这一最终目标服务。

很多新晋管理者不能清晰界定团队的最终目标，也不知该如何分解目标，更做不到动态地按需调整团队配置、业务重心。团队在不停变化的环境中很难保证始终围绕着目标去解决问题。

公司领导在分配任务时，经常会用描述性语言，比如"明年我们要创造十倍增长"。但关于"十倍增长"可以有很多种不同理解，如果老板想要十倍的利润增长，而团队管理者理解的是十倍的销售额增长，那在布置任务时就很容易走偏。

要清晰界定团队目标，可以借助目标界定表这一工具。该表分为六大模块，具体用法如下。

第一步，清晰界定要达到的核心目标。所谓清晰，就是任何人看到描述都不会产生误解。比如上面提到的"十倍增长",到底是营业额、销售数、利润,还是客户数的十倍增长?要在一个季度、一年还是三年内实现十倍增长?对目标的描述要做到所有人理解一致,这才是"界定"。

第二步,通过背景信息阐述制定目标的合理性,即为什么设立这个目标。管理者要把制定这个目标的背景写下来。背景必须与设定目标的原因直接相关,且越详细越好。把背景描述清楚了,将来目标未达成或调整目标时,才有复盘和修订的依据。作为背景的内容必须是事实,不能是团队的分析或观点。

第三步,厘清决策者和相关方。决定方案是否可行、计划是否获批的人是直接上司,他就是决策者。相关方是指计划实施过程中,团队不可避免地要与之协作的人或团队。相关方能否提供团队需要的支持,能否跟上团队的节奏,按照规划完成其负责的那部分工作,其工作方式是否会让项目受阻,这些都是管理者要考虑的问题。

第四步,确定衡量目标是否达成、问题是否得到解决的标准和考核方式。管理者在项目开始时就需要想清楚,年底做业绩回顾、评价甚至分奖金时,依据什么来判定团队业绩是否达标。衡量的依据要非常清晰,尽可能量化。但需要注意的是,衡量的标准并不一定就是 KPI 或者 OKR,一些隐藏的、没有被写到纸面上的标准也需要被考虑在内。比如虽然 KPI 达成,但花费了太多成本,这对领导来说并不算达标；或者 OKR 达成，但达成方式不被公司允许，最后评价也不会很好。

第五步，管理者需要以决策人的角度思考，进一步调整和优化方案，使其更容易获批和落地。很多项目在立项时，大家都认为值得投入，但实施方案出来后才发现，公司需要付出极大的硬件和软件成本，甚至需要对整个组织架构做出调整。之所以出现这种情况，是因为起草方案的管理者在一开始就忽略了决策者的关注点，把解决问题的范畴扩得太大。管理者要通盘考虑在公司内外部环境下，在决策者的个性和偏好的影响下，自己和团队施展能力的空间有多大，有哪些制约。

第六步，管理者还要考虑方案所受的限制。管理者在制定方案时要知道方案实现的前提假设，这些前提假设其实就是方案所受的限制。比如制定一个市场开发的方案，你并不知道在什么时间、在哪个城市可能会受到差旅的制约，或者在什么时间、什么样的情况下，原材料的价格会暴涨。因此在目标界定表的最后，一定要列出可能发生、可能存在、可能使团队目标达成受限的影响因素，并制定相应预案。

使用目标界定表时，要尽可能详细地把所有能够想到的信息全部写进去，然后筛选和提炼出最核心的几个。完成表格之后，管理者还需要做两件事。

首先，与老板沟通。管理者不能闭门造车，要和领导确认相关信息，尤其是领导的关注点和解决方案的思路。

其次，与团队成员沟通。与领导沟通后，管理者通常会修改表格内容。表格定稿后，管理者一定要将表格内容传达给团队的所有成员，让全员形成共识与合力。

下面再提供一个具体案例，帮助大家理解。某电商团队的年度目标是让某项业务的 GMV（商品交易总额）实现十倍增长，团队管理者的目标界定表可以如下：

• **需要达到的基本目标** •

在 2022 年使某业务 GMV10 倍增长

1. 背景
- 该业务 2021 年 GMV 为 1500 万元。
- 友商规模在 5000 万以下。
- 该业务的自身定位是 xxx。
- 产品功能偏单一，报价偏贵。

2. 决策者和相关方
- 决策者：CEO。
- 相关方：产品研发部门 VP、CFO。

3. 衡量是否达标的手段和精准程度
- 2022 年全年 GMV 达到 1.5 亿元。
- 有效客户触达同比上涨 60%。
- 咨询客户付费转化率达到 10%。

4. 决策者的关注点
- 跑通漏斗更小的销售转化流程。
- 提供客户适用的产品与服务。
- 在市场上打出自己的品牌特色。

5. 解决方案所受的限制
- 工具：客户支付路径很长，严重影响签单效率。
- 功能：初级阶段资源有限，无法在短时间内做到特别成熟。
- 收入结构：短时间内可预见还是会依赖促销（50% 以上占比）。

需要达到的基本目标。GMV 是一个通用定义,"GMV 实现十倍增长"的界定很清晰。

背景。在这个案例中,可以从四个方面来分析:现状,该业务在 2021 年的 GMV 是 1500 万元;基线,友商的规模大部分都在 5000 万元以下,比本公司大,但相差不算太远;业务自身的定位,比如针对什么样的客户,要提供什么样的服务;根据市场情况对自己做一个客观的评价,即目前公司产品的功能相对单一,报价偏高。

决策者和相关方。对于这个案例,最上层的决策者是 CEO。利益相关方有产品研发部门的 VP,因为他的工作与产品开发有关;实施项目需要资金支持,需要做可行性分析,这些都离不开 CFO 的帮助,并且 GMV 最后是否能实现十倍增长,也需要 CFO 从财务口径评判。

衡量是否达标的手段和精准程度。最核心的标准是 GMV 能否做到十倍增长,达到 1.5 亿元。要做到这一点有两个支撑条件,一是有效客户触达同比上涨 60%,二是咨询客户的付费转化率达到 10%。把支撑条件也罗列出来,一方面可以向领导解释为什么 GMV 能够达到 1.5 亿元,也有助于在项目实施过程中通过观察支撑条件来判断进展是否顺利。

决策者的关注点。在此案例中,领导可能倾向于看到一些有效的销售转化方式,以及是否能给客户提供真正适用的产品和服务，最后则是看产品在市场上能否形成自己的品牌特色。这些决定了团队应该用什么样的方式达到目标。

解决方案所受的限制。在这个案例里，涉及一些工具、功能、收入结构等方面的限制。

19
如何摸清管理的边界

当有了清晰明确的目标之后，管理者要考虑的就是如何把该做的工作用逻辑清晰的方式归置好。每位管理者都会面临无数事项，如人员安排、资源分配、推进工作、处理意外等。怎样把所有元素放在一个表里，一目了然？

使用甘特图就可以。这是一个职场人非常熟悉的工具，网上有很多模板，甚至有专门的制作软件。它看似简单，但并不意味着只能处理简单的事。我曾参观过一个高五百余米、工期长达三年半之久的摩天大楼项目，其施工计划就画在一张甘特图上。这张图存在电脑里，没有足够大的纸张能把它完整地打印出来。图上包含三年半时间内所有的工序：46个分包商、所有的工作条目、每个时间节点。这张甘特图由电脑绘制，所以能自动画出一条关键路径，显示所有步骤中耗时最长的活动顺序，这可以决定完成项目需要的最短时间。当这条路径上有一个步骤被延误，整个项目都会被延误。

下面是一个甘特图的示例，展示了一门企业管理培训课程从策划、上线到运营的全过程。

工作内容	负责人	1月	2月	3月	4月	5月	6月	7月	8月	9月	10月	11月	12月
产品准备期													
- 了解市面上的管理课程有哪些。	教研团队	■											
- 访谈新晋管理者/中层管理者痛点。	教研团队	■											
产品策划期													
- 确认产品的定位,产品立项策划。	教研团队老师		■										
- 根据用户需求,形成课程体系和课程大纲。	教研团队老师		■										
产品制作期													
- 根据课程内容,完善案例、工具。	运营团队			■■	■								
- 课程录制及后期剪辑制作。	教研团队外包团队				■■	■							
- 学员资料包整理,社群体系搭建等。	运营团队					■■	■						
产品售卖期													
- 销售手册/话术筹备。	销售团队						■■	■					
- 销售渠道对接。 - 产品销售。	各销售渠道负责人							■■	■■	■■	■■	■■	■
产品运营期													
- 学员服务。	运营团队							■	■■	■■	■■	■■	■
- 用户访谈。	教研团队										■	■	
- 数据复盘。	运营团队										■	■	

▲ 产品立项　▲ 产品制作完成　▲ 产品阶段性复盘及迭代

作为管理者，怎样绘制甘特图

画甘特图时需要注意几个核心元素。

第一是要把任务分成几个大步骤，并详细列出。比如盖一个楼房的大步骤可能是地基、核心筒、结构、封顶、机电设备、强电弱电、装修等。当然，管理者做项目时可能不会像盖楼房那样有自然的、按照时间发生的步骤，而是需要根据项目本身的特点设定每一步要做什么。所以制定大模块时，关键是逻辑，即谁在前、谁在后。只有分清逻辑，才能把甘特图的顺序把握住。

第二是列清每个大模块内部有哪些需要完成的动作。"列清"的意思是，任何人只要按部就班，把这个模块下所有的步骤在对应时间内完成，就能实现这个模块要达到的目标。

第三是规定每个动作由谁负责。负责人可以是一个人，也可以是一个部门，一定要清晰明确。

第四是具体绘制甘特图上的线。画线时要确定线的长度，即某个动作什么时候开始，什么时候结束，耗时多少。画线时还要区分实线和虚线，实线表示一直要做的事，虚线是指在某个时间段里偶尔需要做的事。

有了这四个元素，才是一张完整的甘特图。

画甘特图一定要详细，因为在实际工作中，画图的人和执行的人可能不同。有时是领导在画图、做规划，然后安排下属执行，而下属在执行的过程中，也可能不是一个人执行所有步骤，而是不同的人执行不同步骤。如果图画得不够清晰，步骤与步骤、行动与行动之间的逻辑关系不严谨，就有可能使工作的中间环节脱节。甘特图就像乐手使用的乐谱，在什么地方停顿，在什么地方声音逐渐变大，都一定要标注在谱上。

绘制甘特图时，有两种常见的缺失需要注意。

第一，没有责任人，只有步骤。这样当项目在某个步骤上卡壳时，你就不知道应该找谁解决问题，后面的步骤也没有办法推进，整体进度会受到严重影响。

第二，对待做事项的描述是状态，而不是动作。比如"准备好开会材料"是状态，开会需要什么材料、分别要谁做准备才是动作。

用甘特图做好关键管理

画好甘特图后，管理者还需要把握好以下四个关键点。

第一，管进度。要关注该开始的步骤是否按时开始，是否在预定的时间内完成。管理者在管进度时，可以将不同进度分为红灯、黄灯、绿灯三个类型。即按时开始、按时或提前结束的步骤亮绿灯，有一点偏差（比如开始时间晚于预定）、但经过努力后不会影响进度的步骤亮黄灯，没有在预定时间内完成的步骤亮红灯。处于黄灯和红灯状态的步骤需要管理者了解延误原因并规划好如何调整和赶上。

第二，管程度。要关注工作按时执行后是否达到预期效果。比如面试新人，面试官在两天之内完成了所有面试，但没有一个人过关，导致项目无法继续。在时间维度上，确实是按时开始按时结束的，但是从程度上来说未达到效果。这时就需要管理者干涉，评估问题出在哪里并帮助解决。

管理进度和程度是管理者通过甘特图做管理时的要点，管理这二者的频率需依据具体项目特点而定。若一个项目的周期特别长，比如一个三年半的建筑项目，那么管理它的频率可以是每个月或每个星期一次。有些项目周期相对较短，每天都能产生进展，那就需要时时关注。对于那些难以确定管理频率的项目，可以选择回顾关键节点。

第三，管意外。做一个项目，即便甘特图画得非常细，团队也很努力，一切都按照计划在进行，依然可能有意外发生。面对意外，管理者要第一时间分析它的影响在哪里，影响程度有多大，然后考虑如何调整，最后再去分析原因。如果意外发生得太突然或影响面太广，以至于整个项目都受到根本性影响，团队经过调整仍无法解决问题，那么管理者就要果断暂停项目。这时考验的是管理者当断则断、随机应变、及时和团队沟通、解决问题的能力。

第四，管抽查。很多时候，管理者获得的是二手信息，不完整，也未必能反映真实情况。你看到进度没有问题，但实际上可能已被拖延；你以为事情的进展会产生预期效果，但实际上可能有偏差。所以，管理者必须检查项目下的事件进展，但不用事必躬亲，更高效的做法是抽查。如果所有反馈都是绿灯，管理者就必须抽查一些自己认为有风险的事项。但抽查的逻辑不应重复，最好是随机进行，以免下属们熟悉规律后避重就轻。

甘特图不仅是一个工具，更是一种思维方式，是一种强迫自己用结构化方式思考和解决问题的模式。所以当你能够比较熟练地使用它时，你就会发现几乎所有的行动，即使不画图，大脑里也会形成一幅图，依此开展项目将事半功倍。

20
如何始终聚焦重要的事

管理者在带领团队执行计划时，可能会陷入常见的两个误区。一是计划被制订出来后，团队便严格执行，对外界环境的变化视而不见，甚至连公司的关注点都发生了转移，计划本身却不做调整。二是计划制订得无比详细，但在执行过程中团队成员还是走一步算一步，或者按照以往的经验行动，随意改变计划。

死守着工作规划一成不变，或是把调整的灵活度无限放大，都会对项目产生负面影响。那么，如何识别一项工作的计划是否需要调整？怎样调整呢？

"每日三省吾身"与"三问"

我在麦肯锡担任项目经理时，每天早上都跟团队全员开个五分钟的碰头会，交流当天的工作计划。每天下班前，大家还会再次碰头，沟通工作进展，看是否有意外情况发生、是否遇到困难需要帮助，用这种方式追踪和调整一天的工作。每周还有一次正式的项目汇报会。开会前，我都反复与团队成员沟通，以求准确地判断项目进度、可能存在的问题和需要进行的调整。开会时，我与上级和客户沟通，他们也会基于经验和需求及时做出调整。这样不断地沟通、回顾、调整，使我们得以始终把关注点放在最重要的事上。我把这种工作机制叫作"每日三省吾身"。

除了"每日三省吾身"，我还有一种进阶做法——"三问"，即问天、问地、问四方，意思是管理者要眼观六路、耳听八方，将周围发生的所有事情都纳入考量范围。

第一，问天，和领导保持对齐。 每一个团队主管都应该定期和自己的直接领导做沟通，让领导了解自己团队的现状和接下来的规划，然后征求他的意见。

第二，问地，从下属处获取反馈，调整计划。 下属是离现场更近的人员，更能感受到计划实施是否顺畅、是否达到预期效果。通过和下属的持续沟通，管理者可以得到直接反馈。另外，领导有新想法、新要求时，团队管理者也要第一时间传达给下属。遇到意外情况，管理者尤其要与下属讲清楚，为什么会发生这件事，公司会因此有什么样的调整，需要大家额外做哪些事。

第三，问四方，与内外部合作方联系，输入有用信息。 在公司内部，管理者除了与自己团队的人共事，还要与所有的业务相关部门频繁、密切沟通。在公司外部，管理者也需要与合作伙伴密切沟通。客户、供应商甚至监管机构每天都在市场上关注本公司及相关竞争对手的表现，从他们那里能获得非常有用的信息，帮助自己做调整。

"三问"的目的是让管理者时刻充分了解团队所处的环境有哪些变化，哪些会对工作进度、程度产生影响，是否会发生意外。

调整的学问

通过"每日三省吾身"和"三问"，管理者可以始终把关注点放在最重要的事上，并及时对计划做出必要调整。但在决定调整之前，管理者必须先与自己的领导沟通，说明为何调整、如何调整、预期效果，确认领导是否认同自己的调整计划。因为你的所有调整不只关乎你所在团队成员的业绩，也是领导业绩的一部分。并且，管理者的领导在评估工作调整计划时，会从更高的层次、更广的范围思考是否合适。上下的信息互通更有助于碰撞出思维的火花，构建出解决问题的创造性新思路。

21
如何安排管理下属的工作

不论管理者将计划做得多么完善,工作都得由个体的人一步步落实。每一个工作步骤和不同的下属产生化学反应,会产生不一样的结果。在这个过程中,一些即使是经验丰富的资深主管也会抱怨自己的太多时间被下属占据,没空做自己该做的事。之所以出现这种情况,究其原因,大概有两种。一是下属的能力确实有限,管理者无法放手,所以事事操心。二是下属能力尚可,但管理者不敢或不愿意放手。

管理者管事的目的,在于有一天不需要再管事。只要把合适的人放在合适的位置上,让他们自己规划好这些事,管理者就可以把时间和精力抽出来关注更重要或更有影响力的事。那么管理者应该如何做到这一点呢?

管理学者威廉·安肯在《别让猴子跳回背上》一文中提出的"安肯自由量表"可以在这个方面帮助管理者。这篇文章最早发表于 1974 年的《哈佛商业评论》,2015 年入选《哈佛商业评论》"自我管理的十篇必读文章",后来作者又把它扩展成一本同名书。这种工具已然经受了时间的检验,在职场中被广泛认可。

安肯自由量表像一个金字塔,将下属分为五个层级,自下向上自由度逐级变高。使用该量表的**根本逻辑在于,对不同能力、不同类型、不同特点的下属需采用不同的管理方式。**

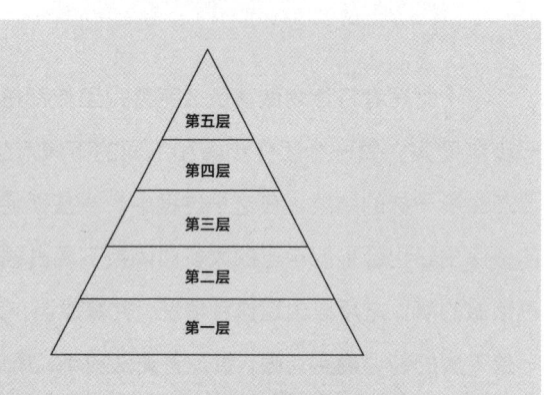

```
         第五层
        第四层
       第三层
      第二层
     第一层
```

- **第五层**:能独立行动,管理者只需要看例行报告。
- **第四层**:能决定合适的行动方案,但执行时需请示管理者。
- **第三层**:能提出建议,但需要按照管理者裁断的结果行动。
- **第二层**:知道该做什么,但不知道该怎么做。
- **第一层**:等待指示,不知道要做什么、怎么做。

第一层的下属不会发挥主观能动性,主管指派什么就做什么。

第二层的下属有主动意识和积极性,会向管理者请示自己需要做什么,知道自己该做什么,但不知道该怎么做。对于这一类下属,主管应该在他有意愿尝试时给予机会,让他的能力能够跟上他的意愿，他就会因此更进一步，进阶到第三层。

第三层的下属有意愿、有能力，但是依然需要主管在他行动之前给予指导、决策。

第四层的下属基本能够让管理者适当放手，管理者只需要在事前看方案、做决策，并适时追踪项目进展，就基本能够达到预期效果。

第五层的下属最省心，可以独立行动，有能力做判断，有能力识别什么是重要的、什么是对的，最后达到团队一致想要的结果。对于这一类下属，主管需要做的就是例行看报告，检查是否有意外情况发生，如果有需要调整的地方及时告知。

管理者可以按照安肯自由量表给自己的下属分类，根据不同下属的特点采取不同的管理策略。在最理想的状态下，一个好团队里的几乎所有人都属于第四层或者第五层。只要团队目标达成一致，清晰地制订工作计划，每一个步骤都有人有足够的能力和足够的判断力来落实。这个时候，管理者需要做的只是事先看一眼，然后例行做报告，如果有意外发生再介入即可。

但是在大多数情况下，团队成员并不都属于第四层或第五层，甚至可能压根没有第五层的成员。管理者可以使用自由量表应对方法，有针对性地管理，具体如下。

第一层的下属。这一层次的下属缺乏主动性，在没有工作指令的情况下会一直等待，变成无效资源，形成浪费。管理者除了想办法提高其主动性，尽可能把他往第二层提升，还应该给他一个工作清单，前面一件事做完就接着做后面的事，避免浪费时间。

第二层的下属。对于这一层级的下属，应该给予足够的培训。管理者可以自己带，也可以让有经验的老下属带，或者让他参加公司组织的相关培训，甚至可以把他送到外面的专业机构培训。总之，目的在于培养工作能力，把他从第二层升级到第三层。

第三层和第四层的下属。对于这两类下属，管理者应该大胆锻炼，在锻炼的过程中重点关注两件事。首先，锻炼之前先与其沟通，了解他是否做好接受锻炼的准备，在具体业务或项目上能够预见的潜在风险和问题是什么、打算如何应对，以及约定好遇到什么问题时要向你汇报沟通，第一时间规避风险、解决问题。其次，管理者应给他授权，让他拥有做事的自由，同时检查他的进度和质量，根据检查的结果给予及时反馈，帮助其提升。有了授权、检查、反馈，就完成了整个锻炼的闭环，通过足够时间的锻炼，这些人终能成长起来。即便不能成为一个全能的、事事让管理者都放心的下属，至少在很多事情上，他都能游刃有余，无须管理者多费工夫。

第六章

资源：
借力使力，才能不费力

22
如何平衡业务工作和管理工作

从业务到管理

常有人问:"我现在是一个团队的主管了,但是还得兼顾一部分业务。业务要做,团队也要管,这些事纠结在一起,我该怎么办?重心到底应该放哪里?"还有的人问:"教会了徒弟饿死师父,怎么办?"

这些都是假问题,因为**管理者和业务骨干是靠不同能力在企业中立足的。**

没有一个足球教练会和自己队里的前锋比脚法,和后卫比滑铲,和守门员比扑救。在任何一个团队中,每个人都有各自的分工。管理者是通过别人的工作达成经营目标的人。

如本书开篇提到的,一个人走向管理岗位就要把自己的能力结构变为"T型"。这里的重点在于,当你处在T字分岔口时,必须做出决策,一定要有明确的方向。

用一部分时间进行专业提升,一部分时间做管理工作,依然能够长久地维持职业发展,能做到这一点的人是很少的。

看似是顾业务还是顾管理的选择,实际上是一个职业发展方向的选择。

获取资源是最重要的管理工作

如果选择朝管理职能方向发展,那么有一项能力是必须学会掌握的——获取资源,给团队足够的支持。

资源不只是人和钱,还包括你带领团队实现业绩目标所需要的各种支持,比如足够的时间、足够的能力、与其他部门的配合等。资源的来源从内到外有三类:第一类是团队内部资源,比如团队人员的时间、精力、经验、技能等;第二类是公司内部可以给予团队的资源;第三类是公司外部可以帮助团队实现目标的资源。

管理者要围绕团队的需要,打造一整套支撑体系。首先,学会向公司领导要资源。这里的"领导"既包括你的直属领导,也包括其他手握资源或能代表公司分配资源的上级。管理者需要与他们打交道,建立有效的关系网。同时,管理者也要积极地向外部伙伴、供应商、客户、行业协会甚至政府机构等寻求他们所能提供的信息、资源、资本投入,为团队更好地完成任务提供保障。

一个真正优秀的管理者并不一定要对业务百分之百了

解，甚至可能无法从业务角度给予团队成员直接帮助。但是，若想发挥团队成员的全部能力，作为管理者必须做到在团队需要时，能够很快获取足够的资源。

收权与放权

管理者做事要有内外之别，即有些事可以授权出去，甚至外包出去，有些则一定要掌握在自己手里。内外之别的核心在于，关键的管理职能不可以被放出去，而业务职能是可以放出去的。具体来说，需要重点注意的有以下三点。

核心技能不可外包，否则永远无法锻炼出自己的核心竞争力。

人事权、战略决策权不能放出，关于这两方面，只可向他人寻求建议。

团队的财权不能放出，比如预算的分配、最后的奖惩，这都是作为管理者自身职能的重要权限。

23
如何管理自己的时间

管理学大师彼得·德鲁克最受欢迎的作品《卓有成效的管理者》里说:"卓有成效的管理者知道自己的时间是有限的。"一个管理者要管人、管事、处理各种突发事件,要和上级、外部沟通,自己可掌控的时间非常紧张。当所有这些事扑面而来时,到底如何合理分配时间,将任务安排得井井有条,是一大挑战。

有两种工具有助于管理者解决这一问题,一是管理者时间管理工具,二是时间净化工作表。

专属于管理者的时间管理工具

管理者时间管理工具将管理者的时间分成四种类型。

第一类是老板占用的时间。例如老板要开会、安排任务、汇报工作,这些事是无法回避和拒绝的,且占用的时间多少不受管理者掌控。

第二类是组织占用的时间。例如，团建就是组织中任何一员都得参加的活动。又如，公司举办大型活动，要找兄弟单位或合作伙伴沟通，请求你和你的团队提供帮助，也必须伸出援手。

第三类是外界占用的时间。即管理者与外界沟通、交流、交互占用的时间，包括与供应商、客户交流，政府接待等。这些时间中有一部分不受管理者掌控，有一部分是可以去施加影响的。

第四类是自己占用的时间。管理者要思考的是，如何尽量压缩其他时间，给自己提供更多可自由支配的时间。管理者所处的层级越低，对于老板占用的时间、组织占用的时间和外界所占用的时间的影响力就越弱。这也就意味着新晋管理者可支配时间的多少，主要来自对"自己占用的时间"的调整。自己占用的时间又可以分为两大类，一是管理团队和下属的时间，二是留给自己专属事务的时间。当然，管理团队和下属也是管理者职能的重要部分，但在这上面花费的时间越多，用来做战略思考、人员盘点和提升、资源获取、关系网维护等专属事务的时间就越少。结合前面提到的下属执行力金字塔和安肯自由量表这两个工具，管理者应该尽快提升下属的执行能力和主动性，并且合理平衡授权与控制。一旦团队成员各司其职、整体运作顺畅，管理者就可以放心地将非核心事务授权出去，专注于更重要、对未来影响更大的事情。

时间净化工作表

管理者厘清自己的时间被哪些事项占用之后,就可以用时间净化工作表来调整。用法很简单,分为三个步骤。

第一步是将自己每天所做事项记录下来。清晰地罗列在老板、组织、外界和自身四个方面分别使用了多少时间。

第二步是识别这些时间的分配。哪些是自己可以支配的,哪些是由他人决定的。例如,老板告知要开一个小时的会议,但实际开了三个小时,不能中途随意离开,这种时间的消耗就是由他人控制的。

第三步是判断那些自己可以施加影响的时间分配,相关事宜是否可以不做。管理者心里要有一笔账,某件事不做会有什么影响,做了会有什么收获,两相权衡之后做出抉择。以聚会为例,若聚会非常有助于你与下属或合作方拉近关系,当然应该参加;若某一聚会达不到期望效果,或者你有更重要的事情要做,那么聚会时间的优先级就要往后排;若聚会无法推辞,你又抽不出时间,可考虑指派合适的下属参加,这样既不会影响效果,也不会影响你去做更重要的事情。

下页是时间净化工作表的使用示例。每月回收的时间,可以重新分配给重要事项,如重点客户管理、团队策略思考、团队能力培养、与重点利益相关方沟通等。

占用者	事件描述	占用时间（每月）	策略（继续/改进/取消）	方式（委派/外包/自己做）	可回收时间（每月）
老板	周例会、月例会	12小时	继续		0小时
老板	每周定期汇报	8小时	继续		0小时
老板	不定时交办事项	0—20小时	改进	部分委派，重复性的工作自动化	5小时
组织	部门协调会、项目会	40小时	改进	部分委派	10小时
组织	公司节假日活动	10—20小时	改进、取消	部分委派，不重要活动取消	5小时
外界	客户拜访、客户定期会议	40小时	改进	非重点委派，材料标准化自动化	10小时
外界	客诉处理	10小时		部分委派	5小时
外界	下属日常工作安排、定期回顾、异常情况处理	40小时	改进	非重点工作委派或取消，汇报材料标准化	5小时
外界	下属的培训、带教	10小时	继续		0小时
自己					

一个好的管理者绝不是被人牵着鼻子走的人。使用上述两个工具，就是为了拿回自主权，把时间真正放到应该去做的专属事务上，让管理效率大幅提升。

24
如何向公司要资源

向公司要资源的误区

管理者经常会遇到这样的情况：团队因为缺乏资源而完不成任务，但当一个获取资源的好机会摆在面前时，却又把握不住。

管理者向公司要资源的常见误区有两个。

一是看到团队成员太忙、太累，于是向上级提出需要加派人手，但没有详细告知缺人的原因，更没有告知加派人手后团队在哪些方面会比此前做得更好。

二是当上级通知今年的任务要增加时，第一反应是人员紧缺、无法承担更多任务，所以拒绝接受。这样做就错过了一个要资源的绝好机会，因为既然领导对你有更高的业绩期待，就必然会为你提供更多资源。

要资源，就要随时做好准备

我建议每个管理者都在口袋里放一张资源计划表，随时做好向上级要资源的准备。这张表要简单列出团队为了完成业绩目标共需要哪些资源，哪些可以从组织内部获得，哪些需要从组织外部获得，哪些需要上级提供，如下图所示。

需要什么资源	组织内部的资源	组织外部的资源	老板能给的资源

事先把这些内容列出来，可做到心中有数，不错失每个要资源的机会。

一个管理者如果想往上走，就要强迫自己在日常工作的间隙时刻关注这些重要事宜。只有平时想清楚，有机会跟领导沟通时才能说明白，事情才有可能向你期望的方向发展。资源要不来，很多时候不是因为缺少技巧、话术，而是因为日常功课没做到位。

一张纸资源申请法：为重点项目要资源的利器

承担某个具体项目，尤其是重点项目时，为了更好地向领导要到额外资源，管理者可以采用"一张纸资源申请法"。这种方法脱胎于很多大公司的工作习惯，其最大好处是，可以仅用一张 A4 纸就把事情梳理清楚，便于汇报。

使用这个方法共分四步：

第一步，说明为什么需要资源。

正常情况下，某项重复性业务所需要的资源是事先规划好的，没有特别原因，领导不会批复额外的资源申请。所以首先要说清楚申请额外资源的原因，即要做什么事、要达到什么目的、要解决什么问题。更进一步，还可以具体陈述为什么缺某种资源、为什么是现在缺，是因为过去的规划没有做好，还是环境发生了变化。

比较糟糕的情况是，领导认为完成同样的任务，团队的前任管理者并没有提出资源不够，怎么你就得需要更多资源了呢？是不是你能力有问题？管理者务必提前考虑这种情况，做好构思。

第二步，说明需要哪些资源。

管理者不能笼统地和领导说某件事没有完成是因为资源投入不够，要说清楚公司在哪个方面的资源投入不够，是人力、资金、设备、时间,还是相关部门的配合。此外,还要说明这些资源要在什么时间到位,如果没到位会发生什么。

第三步,盘点现有资源,充分挖潜。

大多数领导并不介意投入更多资源,但很介意资源的使用效率。如果原来七个人做七十万的业务,现在增加到十个人,做一百万的业务,在效率上其实并没有提高,只是量的变化。所以向领导申请额外资源之前,管理者应该先在团队内部充分挖潜,提高内部效率,然后通过详细的盘点、对比,去申请更多资源。

第四步,也是最关键的一步,是领导给予你资源后,你会给领导乃至公司带来什么样的产出。

不谈回报的投资都是耍流氓,有了资源,你能为公司带来哪些回报,才是领导最关心的问题。汇报产出时要尽可能量化,比如,公司给的人力可以支持你百分之百完成任务,而投入额外资金则可以将业绩提高 10%,这就是一个可量化的结果,这样的描述最容易被评估,你的要求会优先被领导考虑。如果产出无法被计算,就要给领导做详细的定性描述。

一张纸资源申请法并不是固定的模板,使用时不必拘泥于形式,每个人可以根据自己的需求做出调整,把核心问题讲清楚、说明白,达到目的即可。下面给出一个示例。

	描述
为什么要资源	**新增业务要求：**年初规划覆盖销售区域 4 个，年中公司要求扩大业务规模，所以下半年需要拓展 2 个新销售区域，但现有人员配备不足，也缺乏配套的配送能力。
需要哪些资源	1. 新区域拓展销售人员。 2. 新区域产品配送资源。
盘点现有资源，还需哪些资源投入	1. 拓展销售人员：现有人员 10 人，其中成熟稳定区域可调拨 2 人至新区域，尚缺 3—4 人，建议在开拓期新招 4 人，新区域相对稳定之后可减编 1—2 人。 2. 产品配送能力：现有工厂产能足够支持，开拓成功后需求量上升，可能会需要增加工厂工人或延长工作时间；2 个新区域相邻，但距离现有成熟区域都较远，需在当地设立物流仓库，配送可使用第三方物流。
资源的投入和产出	**投入：** 1. 人员：新招 4 人，平均底薪 24 万元 / 人 / 年；外派 2 人，增加外派补贴 6 万元 / 人 / 年。 2. 物流仓库：4000 平方米，50 元 / 平方米 / 月。 3. 运营成本：办公费用 10 万元 / 区域 / 年；拓展费用 30 万元 / 区域 / 年；配送费用假设为配送额的 3%，规模后降为 2%；销售费用假设为销售额的 5%，规模后降为 3%。 **产出（今年 8—12 月）：** 1. 销售额 2000 万元（以 12 月当月计，年化 6000 万元）。 2. 毛利额 300 万元（以 12 月当月计，年化 1000 万元）。 3. 12 月市占率 >5%。 **综合目标：**今年投入开拓新区域，明年在新区域利润打平或微利，后年开始盈利，大后年达到成熟区域利润水平。

要资源的进阶能力

有了上面的工具，管理者还要培养进阶能力，从以下几个方面思考。

第一种进阶思考：要的资源公司是否能给。管理者在规划时，会更多地根据自己团队的意愿或正在埋头做的任务提出需求，但是往往忽略了从公司的角度考虑问题。如果你提出的申请有可能改变公司的 IT 架构，或者改变公司的组织结构，那么是不会轻易被批准的。还有一些资源虽然是你需要的，但公司并不具备，也只能是纸上谈兵。

第二种进阶思考：要的资源公司是否愿意给。我在工作中就曾遇到过这样的情况。我的 IT 主管向我申请资源，要求重新设计公司的 IT 架构，并且给出了清晰的理由，但最后我并未同意。原因很简单，如果我同意了这个项目，就意味着今年公司有 50% 的开支预算都要用在 IT 项目上，其他业务会因此受到极大影响。公司领导者要平衡公司的整体发展，不会同时满足所有团队的需求。管理者在申请资源时，一定要把自己放在一个更高的位置上，从公司的角度做全盘考量。

第三种进阶思考：要资源的时机是否合适。同一份资源需求报告，本月被递到领导面前和下个月被递到领导面前，结果可能截然不同。因为环境在变，公司的发展也在变，你需要找到好的时机来向领导提出需求。

相对较好的时机有两个。第一，凡涉及目标的改变，都是你要资源的好时机，比如年终公司要给你的团队定目标时。第二，当你发现即将出现资源紧张，并且可以拿出充足的证据时，就可以向领导提出资源需求。

向老板要资源是管理者在日常工作当中经常会发生的事。有了以上参考，管理者就可以清晰梳理资源情况，随时可以向领导阐明需求，以更好地要到资源。

25
如何维护关系、寻求支持

如前所述,为了获得资源,管理者需要审时度势,梳理清楚自己的需求和公司的倾向。此外,还有一个不可忽视的影响因素——你和这些手握资源分配权的人关系如何。

跟这些人"搞关系"并非"走后门",而是在正常的业务往来过程中,与这些人建立足够的信任,让他们对你的业务有足够了解,这样他们就能更容易地判断你的申请是否合理、你的阐述是否靠谱,并给予恰当的支持。

关系定位表

职场上有很多事务都要集体讨论,比如你的项目要立项,或你提出一个需要在公司层面做出改变的建议,这时就会遇到有人赞成、有人反对的情况。对此,有的团队主管手足无措,有的人则成竹在胸,似乎对一切情况早有预料。要想达到后者的水平,你可以借助关系定位表来厘清思路。

使用这张表之前,先要明确两个基本原则。

第一,对事不对人。使用关系定位表不是为了判断与谁关系好、与谁关系不好,而是针对具体事件,判断谁会赞成、谁会反对。要知道,即使同一个人,面对不同事务的态度、观点也可能不一样。这里讲的"关系"不是指人与人之间的私交,而是工作中的关系。职场人都是在规则范围内,针对某项工作给予赞成、反对、建议、驳回等反馈,所以管理者做关系定位表的规划时,应就事论事,依据具体事件判断。

第二,要依据具体的人判断。这个工具的使用前提是识别出对事件有决策权、有影响力的人。要注意的是,必须聚焦到具体的个人,而非一个部门。如果你需要与某个部门沟通,那就分析这个部门的负责人,或者能代表该部门负责这件事的人。

在这两个原则的基础上,可以按照以下三步分析关系定位。

第一步,罗列可能对决策产生影响的人。谁会表决,谁的意见可能会对决策产生影响。

第二步,分析影响点和态度。理清决策人后,就要分析你想做的事情对决策人和他所代表的职能有什么影响。影响一定要分两面考虑——好处和坏处。

第三步,分五个档次给相关人员打分,分别是 -2 分、-1 分、0 分、+1 分和 +2 分。

+2分：对于你的提议，相关人员会无条件支持，比如你的直属领导。这个人的级别越高、影响力越大，对于项目推进或资源获取就越有帮助。

+1分：如果你的提议对相关人员有好处，他就会同意，没有好处，他也不会跳出来反对。他不会无条件支持你，但也不会刻意反对你。对于这样的情况，可在开讨论决策会议之前与其沟通，说明你的提议对他、对公司整体都有好处，以求获得支持，助力项目的推进。

0分：你的提议对相关人员没有好处也没有坏处，他大概率不会表态，如果非要表态，他通常会随大流，根据多数人的意见决策。对于这类人，你要尽可能地影响他，让他意识到你的提议虽然对他个人或他所在的部门没有明显好处，但对公司来说是一件有益的事，所以他从情理上、道义上应该支持。

-1分：如果你的提议对相关人员有坏处，他就会反对。对于这样的人，要在会前尽可能地向他说明你的提议能给公司带来的益处。如果确实会给他带来更大的工作量、更多风险，可以与其深入商讨怎样帮他获得更多资源、降低风险，怎样与他共享成果和荣誉。总之，你要尽全力争取，哪怕他不能变为支持者，至少不要反对。

-2分：相关人员从心底认为你的提议不合适、不应该得到公司支持，所以无论如何都会反对。比如，一个零售企业是否应该拥抱新零售，是否应该用低价换取营业额，对于这类事，人们通常都有既定的见解，不易改变。我的建议是，不要花时间尝试把一个给你打 -2 分的人转变成打 -1 分、0 分甚至正分的人，因为打破或改变一个人的根本性认知是非常困难的。与其花时间、精力在此，不如去争取更多支持你的人。

下面是一个关系定位表的示例，假设的背景是，采购经理向公司提议推进集中采购，归拢供应商资源。

相关人员	职位/级别	关注点	态度评分	沟通策略
张三	总经理（决策者）	能否为公司节约成本，有无供应风险。	+1	提交采购管理现状评估报告，突出地采过多的弊端；提交提高集采带来降本的详细分析；与质量部门共同提交供应商切换计划，以及供应风险、质量风险的预案。
李四	采购总监（直接上司）	是否有助于降低成本，面对供应商时议价能力是否更强。	+2	测算采购降本潜力和实现时间，拟定集采供应商清单。

(续表)

相关人员	职位/级别	关注点	态度评分	沟通策略
王五	运营副总裁	是否会影响区域选品的当地需求；是否会增加某些区域的采购成本。	-1	从数据分析来看，区域80%以上的商品是重复的，区别只是品牌和规格，此外还保留了30%地采权；如果区域供应商物美价廉，可以引入集采供应商库，让更多区域受益。
赵六	区域经理	是否会降低区域决策权。	-2	保留30%的地采商品决策权。
孙七	质量总监	供应商切换是否有质量风险，是否会增加工作量。	+1	集采归拢会减少公司供应商数量，质量审核和管理的工作量会减少；集采供应商资质更好，质量更有保障。

关系维护

完成关系定位表的评估后，就可以有针对性地分析如何让自己的提议更容易通过。但功夫在平时，临时抱佛脚很可能不起作用。和这些人日常的交往、沟通、关系维护是非常重要的。日常的关系维护分为两种情况。

第一种，抱大腿。谁是"大腿"？对管理者而言，最有力量、最有影响力的是自己的直接上级，一定要定期汇报你所有的想法、面临的困难和马上要提出的建议。只有获得了直接上级的无条件支持，才能有信心争取更多的支持者。如果连他都不支持，那就很难在更广的范围内获得认同。

除了自己的直接领导，还有其他级别比你高的同事会对工作的展开产生影响，也需要维护关系。还看上文的示例，作为一位采购团队的主管，与质量部门负责人的关系就是需要日常精心维护的。

第二种，搞关系。"抱大腿"的对象是上级，"搞关系"的对象多为平级，甚至级别更低，但在公司有影响力，或在一定程度上有资源决策权、分配权。对于这种人，可以用三招与其搞好关系。

第一招，横扫千军，即尽量在不同场合向大家展示自己，说明自己具备什么样的能力，真的有人找上门来寻求帮助时，你就可以顺理成章地与对方建立关系。所以，你要让自己变成一个有用的人，才会在关系网里变成更加坚固的一环。要利用所有可以利用的方式，让尽可能多的人了解你的专业性，知道你能够做什么。你甚至可以主动输出知识，比如在公司内部分享经验时，主动把你拿得出手、大家需要的东西展示出来。

第二招，做一个有善意、懂方法的人。你看到 A 有一个需求，但没办法帮他，于是向 A 指明 B 可以提供帮助，但是你并不知道 B 是否愿意或是否方便帮忙。这是在影响他人的情况下提供帮助，有善意但方法不对。合适的做法是尽可能在不影响他人的情况下提供帮助。这里的"帮助"不限于工作方面，在生活上帮别人一个忙，也是拉近关系的好方式。

对那些在工作中与你并不经常打交道的人，适时地"广结善缘"很有必要，也许在未来你们之间就会有深入的工作交集。

第三招，寻找交集，即在人际交往的过程中寻找共性。对于你想结交的人，刻意与其建立关系是非常不可取的，这很容易被看作一种打扰。你需要在合适的场合与他人寻找共性，建立关系。与人建立关系，可以从共同话题入手。比如对方养猫，你恰巧也养猫，那就可以从这一话题入手，持续与对方交流心得，进而建立稳固的关系。

管理和维护关系的最终目的是让反对的人不说话，让中立的人支持你，让支持你的人从中获益。能做到这一点，管理者在公司里就会如鱼得水，更容易获得支持，为团队获取需要的资源，让整个团队发挥更大作用。

26
如何做好向上管理

在职场上,有的人勤勤恳恳工作,但升职的却是别人。有的人业绩排名靠前,但领导就是看不上他。有的人带团队任劳任怨,却总是要不来资源。本该获得的东西没有按照预期实现,可能与没有做好向上管理有关。

什么是向上管理

很多人以为向上管理是要管理领导的预期、态度及他如何做决策等,这种理解是错误的。向上管理并不是真的管理领导,而是一方面让领导充分了解你,另一方面你也了解领导的需求是什么。**向上管理的目的在于让你的努力和领导的需要对齐,即你努力做的事是领导最需要你做的。**

搞清楚这一点,很多事情都会变得更加顺遂。以向领导要资源为例。如果领导给了你资源,他自己的资源就变少了,那就成了一种内部博弈,自然不会有好的效果。但如果你和领导的需求完全对齐，就不存在这种问题。领导完全理解你的需求和你需要相关资源的理由后，会心甘情愿地把资源给你，因为他知道，你能更好地协助他完成公司指派的任务。

用ERP工具做好向上管理

这里的 ERP 不是指企业管理的线上系统，而是管理者向上管理的一种思维。

E 代表 Exposure，即曝光，让其他人知道你和你的团队、你们做的事及取得的业绩。

曝光对象不限于自己的直接领导或与自己的工作有紧密联系的人。有的人会在公司组织召开周例会、月例会时，主动将自己团队的业绩作为案例与大家分享。有的人会采取群发邮件的方式向大家展示自己团队的业绩，甚至把达成业绩的方法作为附件公布，让有需要的人借鉴。这些信息传达出去并不只是为了给其他同事看，更是给上层领导看，让有决策权的人知道，公司里有这么一支队伍、一种方法、一个成绩，这才是真正的 Exposure。

R 代表 Relationship，即关系。

你之所以取得业绩，离不开很多其他人的帮助、支持和配合。在曝光时，你要将其一并展示给所有人看，并对帮助过你的人表达感谢。

P 即 Performance，就是上文提到的工作业绩。

做出良好成绩之后，团队内外的各种关系会因而变得更牢固。下次你再代表团队去向其他人寻求帮助和合作时，他们会更心甘情愿地伸出援手，给你相应的资源和关注。

大部分人都是从 P 开始起步的，即先做出一定的工作业绩，用业绩去达成曝光，有了曝光度之后，就有机会建立更广泛的关系网，获得更多资源，反过来让业绩做得更好，由此形成一个良性循环。

也有人是从 R 开始的。用之前工作积累下的关系网获取资源，在此基础上做出业绩，再曝光，进一步加强那些关系。聪明的人会在曝光时提到，自己的成绩不是个人努力的结果，而是团队合作的结果。这也是一个良性循环。那有没有人从 E 开始？在什么条件都不具备的情况下曝光，能否获得好处？确实有这样的真实案例，但这种空手套白狼的做法并不可取，甚至可能会物极必反。

对管理者而言，最核心的 R 是领导，E 是和领导建立关系，P 是业绩能否被领导认可。要让这三要素在你的职业生涯中正向循环，核心在于与领导始终保持对齐。

具体来说，无非就是定期、持续的沟通，书面或口头均可。每一次沟通的目的不是就事论事，更不要隐瞒或引导领导了解某件事务，而是尽可能让领导知道你的团队和你现在所处的境况，你有什么想法、决策及建议，然后让领导反馈，以此保证双方的预期能对齐，让你今后采取的措施及付出的努力，和领导的期望保持一致。

第七章

变数：
不可避免，有招化解

27
如何有效化解团队冲突

一个团队中不可避免会有冲突发生。管理者是应该尽可能减少冲突，还是当冲突产生时去管理、化解，把冲突变成团队持续向前的动力？答案显而易见是后者。

当团队发生冲突时，对于冲突的干预、管理和化解都要以产生决策为最终目的。这个决策，就是指导所有团队成员达成一致的意见、方向和方式。

团队冲突的类型

团队的冲突无非两种，第一种是下属与上司之间的冲突，第二种是团队成员之间的冲突。下面我们分别讨论。

第一种，下属和上司之间的冲突。

讲一件我经历过的事。上司老张和下属小王所在的团队要承接一项活动，具体事宜由小王负责，老张指导。在操作过程中，老张觉得小王没有章法，因此特别着急，不停地指指点点。小王对此非常烦躁，认为按照自己的节奏做事即可，不必事事遵照老张的意见做。老张则认为自己在好心提醒，且所提的建议都是经验之谈，是非常正确的。小王反驳老张，说他是看不起自己，两个人最终不欢而散。

这是上司和下属之间由于思维方式和角度不同而产生冲突的典型案例。解决这种冲突，可以用下面的五个步骤。

第一步，对齐目标。只要上司和下属对目标的理解一致，那么不管用什么方式做事，都有衡量做得好与不好的标尺。

第二步，制订计划。下属要告诉上司，为了达成最终目标自己打算怎么做，再制订一份详细的工作计划。上司要针对下属的方案提问：如果发生了某种状况，你打算怎么办？以此帮助下属充分思考。之后双方还要商定，什么问题需要汇报，什么问题下属可以自己决策。

第三步，观察过程。上司观察下属工作时要注意，发生小错误不必干涉，因为这是学习和锻炼的必经之路。只有当错误可能使目标完全无法达成时，上司才要及时提醒。

第四步，双向复盘。事情阶段性完成或者彻底做完之后，管理者要和下属复盘。复盘是双向的，管理者既要总结项目完成得好不好、下属有哪些地方可以改进，自身也要改进和提高。如果按照下属的做法，确实能达成目标，就说明最开始管理者基于经验提出的方案未必是唯一的解决途径。

第五步，奖惩机制。下属做得好，应该奖励，做得不好，就要惩罚。主管在下属的工作过程中不停给出正向和负向的直接反馈，才能帮助其成长。当然，企业也应该根据团队和个人的工作结果反馈。

处理冲突时，管理者要有两方面认知。第一，人与人之间不仅仅是工作关系，还掺杂着很多其他情感。第二，团队成员之间始终都在双向选择，团队在发展过程中也会不停地换血。如果一个人无法融入团队，他就应该被"请"出去。

第二种，团队成员之间的冲突。

这种冲突通常又分为两种：一是大家对于如何做事有不同观点，就事论事，这是良性冲突；二是由于个人恩怨、利益或情绪上的反感而产生矛盾，这是恶性冲突。

管理者一旦确定所发生的是对人不对事的恶性冲突，就要立刻干涉，把发生冲突的双方叫到同一个场合，将对人的部分和对事的部分区分开，先讨论对事的部分，再明确指出对人的部分并劝诫。如果冲突双方的价值观差异到了非常深的层次，或者至少有一方对于个人利益非常看重，不愿意妥协，那就回到了之前的话题：如果某个人的存在拉低了整个团队的效率，影响团队利益，那这个人就应该被"请"出去。

大多数情况下，团队成员间产生的都是良性冲突。团队中有不同观点，进行良性讨论，绝对是一件好事。但管理者要把握尺度，不要让良性冲突演变为对人不对事的冲突。

很多公司都会用各种方法来激发一个团队里不同观点的交锋，因为只有经过充分交流和辩论，才可能得到最客观、最全面的结论。假如团队中所有人的观点都一致，则可能蕴含着较大风险，因为所有人都没看到问题。未知的风险才是最大的风险。

用决策工具箱管理团队意见分歧

如果团队中就某件事产生意见分歧，管理者可以借助决策工具箱来辅助决策，它依照讨论的充分程度，将决策方式分成五种。

第一种是达成共识，即大家充分辩论，直到所有人没有异议为止。这样做的好处是最后得出的结论能被所有人百分之百认可，问题是效率低下，对规模较大的团队来说，所需要的讨论时间非常长。

第二种是多项投票，即通过投票排序。假如某个项目存在五种操作方案，团队内部对于选择哪种方案存在分歧，那就请每个人都对这五个方案打分，最高 5 分，最低 1 分，然后统计每种方案得到的总分，得分最多的就作为最终选择。这样做虽然不能在充分辩论的基础上达成广泛共识，但也考虑到了所有人的意见，是一种比较民主的方式，效率也更高。

第三种是折中。当有两个特别坚定且不愿意妥协的观点发生冲突时，就可以折中，各自放弃一部分，向中间靠拢，最后形成大家都满意的方案。相比前两种方式，折中不能保证每个人的观点都被充分考虑，到最后可能大家都不会百分之百满意。折中的目的是保留每个人的一部分观点，使团队完成决策，继续往前走。

第四种是直接票选，少数服从多数。当有不同意见产生时，按照最多数的人的观点决策，是常见的决策方式。少数服从多数虽然效率很高，但投票前可能没有时间充分讨论，投票时每个人也可能受他人影响，决策执行过程中容易出现反复。

第五种是一人决策。这通常发生在团队或项目有一个确定的负责人时。

在理想情况下，所有人都共同持有一个目标并为之努力，那么发生冲突时，大家会遵守同一个规则讨论和判断，团队会更有效率地朝共同目标前进。对一个新晋管理者来说，你接手的未必是一个好团队，所以要通过自身努力，塑造团队共同的价值观，规范共同的行为准则，才有可能规避冲突，慢慢带领团队高效完成任务。

28
如何打造长期的团队文化

说到有凝聚力和战斗力的团队,典型例子有两个。

第一个是军队,战士之间相互扶持,冒着枪林弹雨也一定要达成共同目标,为彼此牺牲和勇于承担风险的精神表现得淋漓尽致。

第二个是参与体育竞技的团队,成员们同样有非常明确的共同目标,有共同的价值观和行为规范。

可见,**对一个团队来说,共同的目标、共同的价值观和共同的行为规范,三者缺一不可,合在一起才能长期地打造一个好的团队文化。**

要确定团队共同的目标、价值观和行为规范,需要团队内部遇到事情时,能持续用正确方式反馈。曾任教于苹果大学的管理专家金·斯科特在《绝对坦率》一书中提出的反馈框架这一工具,可以帮助做到这一点。

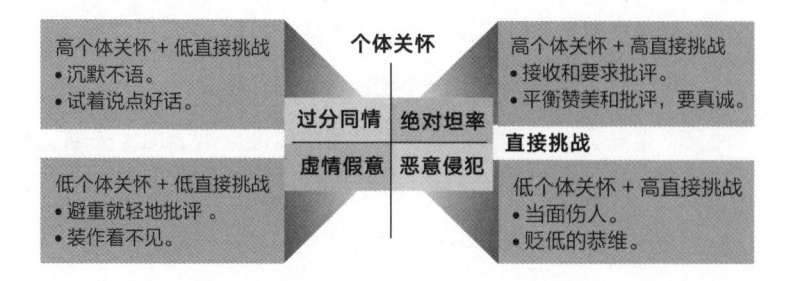

高个体关怀 + 低直接挑战 • 沉默不语。 • 试着说点好话。	**个体关怀**	高个体关怀 + 高直接挑战 • 接收和要求批评。 • 平衡赞美和批评，要真诚。
	过分同情 | 绝对坦率	**直接挑战**
	虚情假意 | 恶意侵犯	
低个体关怀 + 低直接挑战 • 避重就轻地批评。 • 装作看不见。		低个体关怀 + 高直接挑战 • 当面伤人。 • 贬低的恭维。

金·斯科特提出了两个维度，作为判断如何沟通并开展行动的依据。

纵向维度是看做事和沟通时是不是具备个体关怀，即我关心你。这种关心绝不是表面上的问候，而是真的关心你过得好不好。有很多好领导会发自内心地关心下属，对于下属遇到的困难会伸出援助之手。哪怕下属在考虑要不要离开这个团队，他依然能够站在下属的角度，帮助下属分析什么是更好的选择，而不是为了自己的业绩不放下属走。这是基于个体关怀所做的沟通和行动。

横向维度是直接挑战，即有什么事情就直截了当地沟通，不会因为碍于情面而不说出口，也不会因为照顾别人的感受而选取委婉的处理方式。但是，直截了当地沟通不意味着可以不考虑场合和方式，越是沟通负面信息，越需要注意和考虑沟通的场合与方式。

要想长期把团队凝聚在一起，充分发挥战斗力，就要既做到个体关怀又做到直接挑战，达到绝对坦率的状态。

反馈框架把团队氛围分成了以下四种类型。

第一种，虚情假意。一个团队若没有个体关怀，大家说话又不直截了当，就会形成虚情假意的氛围，即表面上关系和睦，犯错了不会互相责备，但实际上心里早就互相不对付，貌合神离。这样的团队一定没有战斗力，甚至很难被称为一个团队。

第二种，过分同情。如果团队的成员们能做到个体关怀，彼此之间的关系都非常好，但在沟通时做不到直接挑战，就会形成一种氛围——过分同情。其特征是，明明有人做错了事情，但由于大家不好意思也不愿意指出，导致问题一直存在。这种状态会导致团队和谐快乐地原地踏步，大家没有往前的动力，不知道什么地方做得不好，也没有人能指出彼此需要提高的地方。最后的结果是团队没有战斗力。

第三种，恶意侵犯。在一个团队中，若大家都敢于直接挑战，直接指出同事的不足，但彼此之间没有真正的关心，就很容易演变为恶意侵犯。在这种氛围下，团队成员并不关心其他人怎么想，不在乎别人的情绪，只要有人工作做得不好，就不问原因，一味指责，不留情面。从好的方面看，这种极端方式能提升工作效率。但是，人与人之间的关系会变得非常脆弱。没有了认可、赞赏与支持，团队就很难形成凝聚力，也很难留住人才。

第四种，绝对坦率，这是最理想的团队氛围。首先是上司对下属的绝对坦率。例如，上司和几个下属开会讨论一份材料，材料是小王做的，有很多错别字，这时主管面临两个问题：第一，要不要立马指出错误；第二，假设要指出来，用什么样的方式比较合适。有两种方法都可以解决问题。一是当下就指出问题，但要照顾到个体的情况。比如可以这样说："我看到有一些错别字，这个是昨晚临时给他布置的任务，可能确实没有时间做更详细的检查，大家多担待。"这既指出了问题，又照顾到下属的感受，也给大家提了醒——如果不是如此紧急的情况是不应该出现错别字的。二是不在会上指出，而是会后与下属沟通："这件事不是昨晚才让你去做的，给了你三天的时间，最后做出来不符合质量要求。建议你把这些错误全部改正，再发一封邮件给大家，告诉大家这个是正确的版本。"这也能达到与前述相同的目的。

通过这个例子可以看到，所谓的绝对坦率不是一个僵化的流程步骤，而是要考虑到每次沟通的目的，选择不同的内容、方式、场合，做到既能直接提出团队整体需要改进的地方，又选取一种合适的方式体现个体关怀。当一个团队的领导采取绝对坦率的方式处理问题时，会慢慢引导团队所有人的行为朝着这个方向靠近，最后达到整体实现绝对坦率的状态。

下属对上司也要绝对坦率。例如，团队正在给大老板汇报工作，你的直接上司在主讲，你要适当做一些补充。汇报过程中，你突然发现上司记错了一个重要数字，而这个数字正是你提供给上司的，你是选择当场纠正还是缄默不语？如果想做到绝对坦率，就要选择一个适当的方式去说。当你就在上司的旁边时，你可以写一张字条给上司，以提示错误。如果你离上司比较远，也可以在适当的时机补充一句："最新的数字还没来得及告诉主管，应该是……"或者说："不好意思，打断一下，我之前给主管的数据不是很准确，最新的数据是……"这样既解决了问题，又不至于丢了上司和整个团队的面子。

绝对坦率不是唯一能让团队实现目标、达到业绩的方式，但它能够在更广的范围、更长的时间内，让团队具备更强的战斗力。

作为新晋管理者，要从内心让自己在个体关怀和直接挑战两个方面进行锻炼，只有带着个体关怀的直接挑战才不会被认为是一种恶意。在打造或维系团队氛围时，要用目标价值观、行为规范约束所有人的行动和沟通，在彼此之间形成基于个体关怀和直接挑战的绝对坦率状态。

29
如何应对意外事件

一个好的团队领导,除了要管人、做事、打造氛围,还需具备一项能力——应对意外。

"意外"常常是突然发生的,但并非无迹可寻。所以应对意外可以分两个层次:一是未雨绸缪,二是应对未知。

未雨绸缪

管理学中有一种思维方式叫"事前验尸"。验尸都是人去世之后才进行的,事前验尸是指在做一件事之前先回答一个问题:假设没做成,可能是什么原因导致的?

事前验尸可以借助鱼骨图。

鱼骨图包括鱼头、主干和小骨头。鱼头是假设的事件结果,例如,执行一次销售任务,但销售额没达标。接下来就要沿着主干和每一根小骨头,把环境、人员、工作方法等有可能导致失败的详细原因罗列出来。

注意，罗列时要逐层分解。销售任务没完成，有可能是人员方面的原因，比如人手不够、人员的执行力不强、没办法接触到较多的潜在客户等。人手不够的原因又是什么？可能是预算不充足，可能是预算充足但招不到合适的人，可能是预算充足且能招到合适的人，但新人无法在短时间内完全适应当下的工作节奏。

经过这样的分析，管理者就能对事件有整体把握，对所有潜在的风险有全面认知。接下来就可以按照正常的风险管理方式，对每一项风险从两个方面做出判断。第一，它发生的概率有多大；第二，它造成的影响有多大。从这两方面判断每一项风险后，就可以给潜在风险排序，看看需要为哪些风险制定预案。

在日常工作中，管理者遇到的绝大部分问题都是无数企业曾经遇到过的老问题，因此也存在一些成型的鱼骨图模型。你可以在这些经典模型的基础上，根据自己的需要调整，没必要针对每个问题单独绘制一张新的鱼骨图。

比如，下面就是一个经典的"人机料法环"模型，即分析人员、机器、材料、方法、环境这五个维度有没有问题。图中根据实际需要，又加了一个维度——测量，即用什么方式去测量，判断的精度有没有问题。

鱼骨图：草坪没割完原因分析

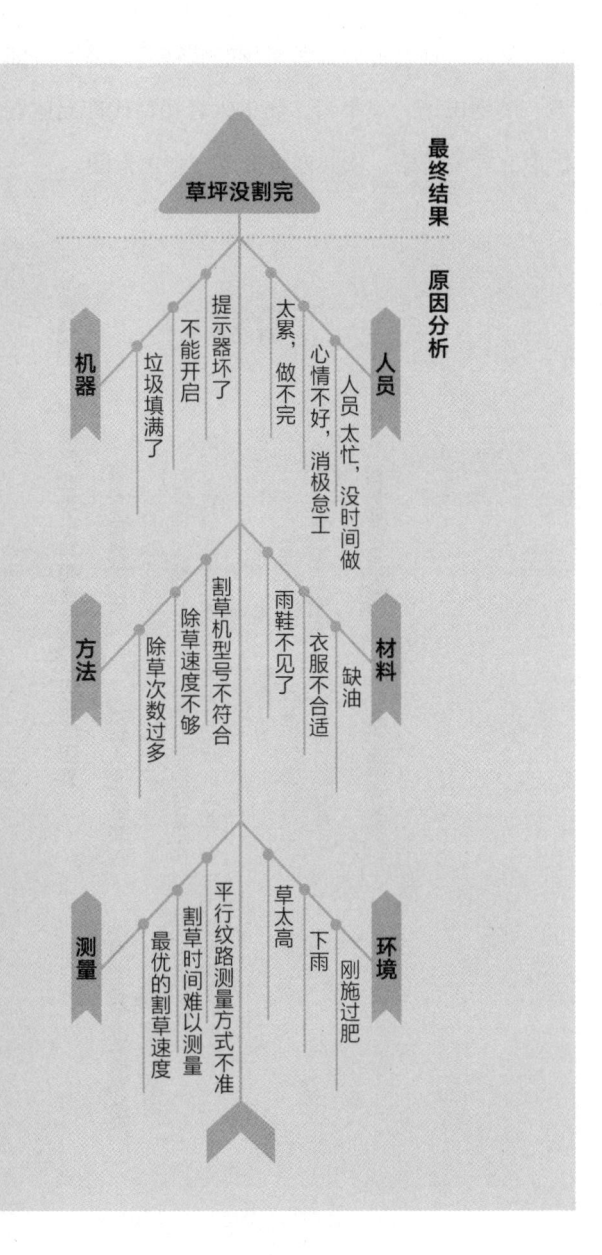

最终结果：草坪没割完

原因分析：

- **人员**
  - 太累，做不完
  - 心情不好，消极怠工
  - 人员太忙，没时间做

- **材料**
  - 雨鞋不见了
  - 衣服不合适
  - 缺油

- **环境**
  - 草太高
  - 下雨
  - 刚施过肥

- **机器**
  - 提示器坏了
  - 不能开启
  - 垃圾填满了

- **方法**
  - 割草机型号不符合
  - 除草速度不够
  - 除草次数过多

- **测量**
  - 平行纹路测量方式不准
  - 割草时间难以测量
  - 最优的割草速度

169

又如，在行业分析里常用的波特五力模型，即从供应市场、消费市场、竞争者、新进入者和替代产品这五个方面分析企业竞争策略，依此亦可形成一张鱼骨图。

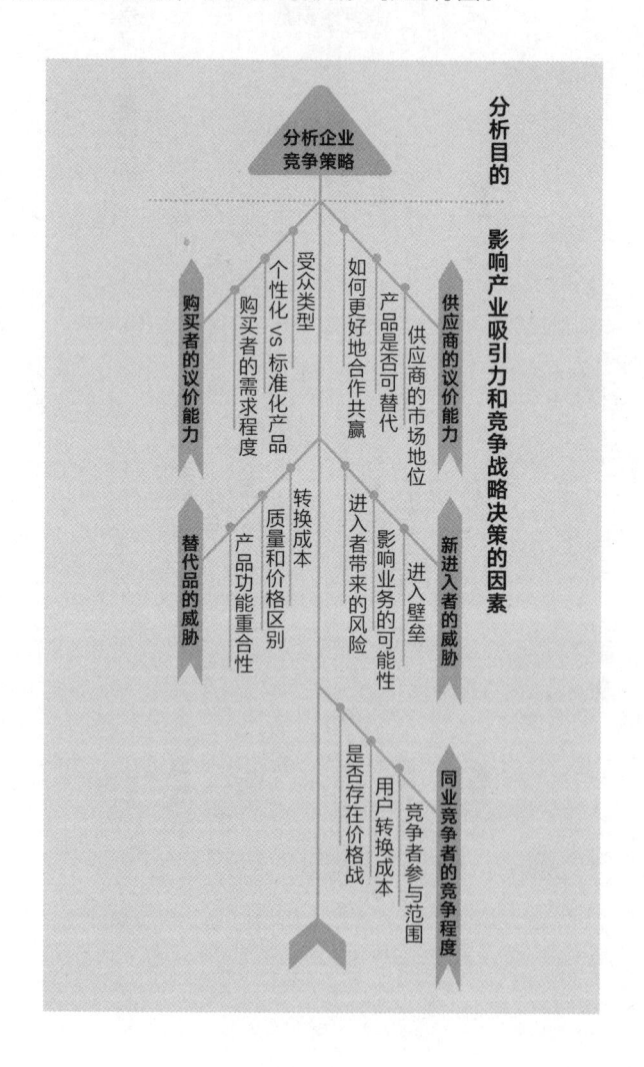

分析目的：影响产业吸引力和竞争战略决策的因素

分析企业竞争策略

供应商的议价能力
- 供应商的市场地位
- 产品是否可替代
- 如何更好地合作共赢

购买者的议价能力
- 受众类型
- 个性化 vs 标准化产品
- 购买者的需求程度

新进入者的威胁
- 进入壁垒
- 进入业务的可能性
- 影响者带来的风险

替代品的威胁
- 转换成本
- 质量和价格区别
- 产品功能重合性

同业竞争者的竞争程度
- 竞争者参与范围
- 用户转换成本
- 是否存在价格战

应对未知

未知是超越一个团队的思维、判断、理解和知识范畴的情况，但它并非无法应对。就像做数学题，老师会在讲一个公式时提供例题，但考试时并不会考例题原题，而学生只要掌握了公式就会做新题。同样道理，面对未知，管理者也可以依据三个步骤做出判断。

第一步是意识。团队中的所有人都要有风险意识，因为在发展过程中，难免会出现特殊情况，计划会脱轨甚至被中断。时刻让自己有所准备，当真的遇到突发事件时，接受度会更高，反应会更快。

第二步是识别。第一是要识别周遭出现的新事物是否会对目标的达成产生实质性影响，第二是识别上述变化会在哪些方面产生影响。

第三步是应对。识别出风险会在什么地方发生、影响有多大，就要围绕想达到的目标，分析计划是否需要调整、如何调整。例如，开发新客户，过去接触 1000 个人，可获得 10% 的转化率，但近期转化率只有 5% 左右。经过考察分析后发现，是竞争对手的介入影响了业绩，所以要针对竞争对手的优势开发己方产品，以求提升客户转化率。

在这三个步骤中，最难的是识别，因为识别意味着要做判断。很多时候，工作的进展就像温水煮青蛙。一个小的变化发生时，人们往往难以察觉其影响，但这个影响可能会发展得非常迅速，在短时间内变成一股强大的力量。管理者一定要持续观察和追踪，只要这一变化还没有被放在鱼骨图里分析且没有预案，就要定期观察，不能放松。

柯达公司本来是数码相机的发明者。但数码相机问世时，胶卷相机仍占据绝大部分市场，数码相机因为价格贵、需额外买卡、分辨率很低、打印效果不好等原因，用户较少。基于这些情况，柯达公司认定数码相机对胶卷相机威胁不大，所以并没有持续追踪数码相机技术的发展，最后失去了整个相机市场。很多行业都存在这样的状况，即对未知的甚至是已知的风险没有做好正确的识别或判断，最终错失了机会。

第八章

未来：
自知者明，自胜者强

30
管理者的个人职场价值是什么

一个管理者每天都要花大量时间在别人身上。但是作为职场人,他自己的个人状态也需要关注。对现状是否满意?工作带来的职业价值感如何?遇到多个选择时,怎样做更有利于未来发展?

要回答这些问题,你需要先弄清楚,对于一份工作,自己到底怀有哪些职业期待。

评估自己的职业价值取向

价值评估模型由奥美广告公司的前任 CEO 布赖恩·费瑟斯通豪在《远见》一书中提出,可以帮助每个职场人量化评估当前和潜在的职业价值。

每个人的职业价值都能从以下四个方面衡量。

第一是学习性,即一个人在特定职位、特定工作环境中是否能持续学到新的东西、锻炼新的技能、掌握新的知识。

第二是影响力，即一个人的工作对他人、企业、社会有多大的影响力。

第三是乐趣，即一个人做这份工作时是否感觉到愉悦。

第四是奖励，包括物质性的，比如是否得到足够的经济回报，也包括精神性的，比如是否获得了很好的社会认同。

不同人对这四个方面的重视程度不同，即便是同一个人，在不同的职业阶段对这四个方面的侧重也是不同的。在职业初期，一个人可能更看重经济回报和学习性，但是到一定阶段后，乐趣或影响力则可能成为更大的侧重点。

在使用该工具时，首先要根据自己当下的需求，给这四个方面分配权重，评估每一个方面在你的心中所占的百分比是多少；然后根据工作的实际情况，给每个方面打分，1分最低，10分最高；最后，用自评分乘以权重，得出的数字就是量化的职业价值。

下图是一个示例。张三给自己这四项分配的权重均为25%，但各项的自评分不同。学习9分，表明他认为在现有工作中能学到很多；影响力7分，即他认为自己的工作有一定影响力；乐趣和奖励都是6分，说明他认为现有工作提供的乐趣和奖励尚可接受。用自评分乘以权重，最终得分是7分。可以看出，张三现有的这份工作在各个方面都给予了他不错的感受，尤其是学习方面。整体来说，这是一份挺好的工作。

领域	权重	自评分	职业价值
学习	25%	9	2.25
影响力	25%	7	1.75
乐趣	25%	6	1.5
奖励	25%	6	1.5
张三年度职业价值总分			7

再看一个示例。李四给学习的权重是 60%，奖励有 20% 的权重，影响力和乐趣都只有 10% 的权重，由此可以看出，李四可能是一个初入职场的人，因为他特别看重学习，对奖励、影响力和乐趣的需求并不高。再看他的自评分，得分最高的一项正是其最看重的一项，与他的需求相吻合，其他几项的得分也都没有非常低。最后看职业价值，790 分的总分并不低。综上，这份工作对这个时期的李四来说应该是很令人满意的。

领域	权重	自评分	职业价值
学习	60%	9	5.4
影响力	10%	7	0.7
乐趣	10%	6	0.6
奖励	20%	6	1.2
李四年度职业价值总分			7.9

再看第三个示例。王五做了两次职业价值评估，两次的权重没有发生变化，即他的需求没有发生变化。变化的是自评分，他最看重的奖励的评分由 9 分降到了 5 分，导致职业价值的总评分从 700 分降到了 470 分。

领域	权重	自评分	职业价值
学习	20%	5	1
影响力	10%	3	0.3
乐趣	10%	4	0.4
奖励	60%	9	5.4
王五年度职业价值总分（一）			7.1

↓

领域	权重	自评分	职业价值
学习	20%	5	1
影响力	10%	3	0.3
乐趣	10%	4	0.4
奖励	60%	5	3
王五年度职业价值总分（二）			4.7

在做测评时，如果你的权重相对比较平均，那就可以直接通过自评分来判断现有工作的职业价值是高还是低。职业价值评分的高低会被权重最大的一项的自评分影响。以王五为例，他最看重的是奖励，当这一项的自评分发生变化时，总体职业价值就会发生较大变化。对他来说，如果公司无法持续为其提供稳定或稳定增长的薪酬，这份工作对他的价值就会急剧下降。

价值评估模型的最大作用是让自己更了解当前的处境，从而让未来发展得更好。此外，在面临多个职业选择的时候也可以用该模型进行量化比较，识别出对自己现在和未来发展更具价值的是哪个。

困境与未来—— 自知者明，自胜者强

一个优秀的管理者是在实践中成就自我的。就好比在学校，如果只会做老师在黑板上写的那几道题而不去做更多的练习题，到了考试时就会束手无策。管理者始终要保持学习心态，从学习中不断体会，从体会中不断提炼，从提炼中不断深悟，在深悟中总结出属于自己的方法和风格，由此成为一个独特的、有魅力的管理者。

每一个管理者都不是偶然成为管理者的，没有人天生就适合当管理者，没有人是万能的，也没有人是一帆风顺的。

初入职场我就遭受了人生第一次重大的挫折。因为在大学期间的成绩原因，我无法像其他同学一样顺利地找工作，错过了很多公司的招聘，导致我的职业生涯起点比我的同学们要低一些、晚一些。

这件事给我带来的教训是什么？

第一，先把最基础的事做好。一直到今天，我都会不停地告诉自己，一定要先做完做好所有最基础的事。其他的事做得再好，最基础的事没有完成，你就无法跨过那一步。

第二，越早发现问题越好。**如果在职场上早晚都要栽一个大跟头的话，那一定是越早越好。**若到了三四十岁才遭遇职业生涯中的第一个大的挫折，之后再克服困难重新起航则更加艰难。

有了这样的经历后，秉持着这些收获，我的职业生涯发展的基础就建立得比较稳固了。但即便如此，我也依然会遇到很多未知的挑战。从宝洁的高级采购经理，到在科尔尼担任负责采购供应链、生产管理等相关项目的咨询顾问，之后我又跳槽去了麦肯锡。麦肯锡的平台更大，一方面有机会接触到更广泛的需要解决的问题，另一方面也必然经常遇到自己之前完全没接触过的新问题。我在麦肯锡做的第一个和第二个项目都给我带来了非常大的困难，都是以前完全没有做过的事情。

　　第一个项目的客户是一家塑料薄膜包装企业，要解决的问题是如何能在印刷过程中尽量降低油墨的使用成本。这是一个对我来说全新的项目，虽然目的是降低成本，但它显然不是通过采购来达成，而是要解决原料在使用的过程中如何更高效的问题。为完成这件事，我花了很多时间和精力，也遇到了很多挑战。

　　第二个项目的客户是电解铝生产企业，要解决的问题是如何能降低工厂自备电厂生产每一度电的用煤成本。那是我人生第一次到一家电厂看到高炉，跟煤打交道，这对我来说又是一个全新的领域。当时，客户的项目经理带着十一个分公司的二十二个专家，一半是买煤的专家，一半是烧煤的专家，坐在我面前等着我告诉他们该如何做。一开始的我，面对这样的场面，很是招架不住。

　　几乎做每一个项目，我都会遇到一些以前没有遇到过的情况，都有一些需要自己学习的东西。但就是在这一次次受到挑战与煎熬，又能够快速地学习和调整的过程中，我获得了持续成长。并且在一次次的锻炼中，我练就了一项本事，就是心态好、脸皮厚。如果有没想好的问题，我会直接告诉对方我没想好，让对方多给我留一些时间，并且我也会寻求对方的帮助。

　　心态调整好了，分析问题和解决问题也就没那么难了，无非就是明确问题是什么，它产生的原因是什么，从产生的原因到达成解决的状态中间差了什么，差的每一个步骤该如何弥补，等等。例如，如何在印刷的过程中降低油墨的使用成本？只要确定油墨在从规格的确定到从哪儿买，再到怎么储存、应用、回收、销毁等完整的价值链中，每一个步骤的成本是怎样的，在哪儿存在浪费，自然就能找到解决方案。燃煤成本的降低也是如此。从买什么样的煤，从哪儿买，用什么样的价格买，以什么样的方式运输、存储、使用，到使用完以后如何处理那些废料，从整个链条中找到有什么环节可以做得更好，让它的成本降低，问题便迎刃而解。

掌握了这些基础的结构化分析问题和解决问题的方法后，我就有了信心，一条路走不通没关系，换一条路照样可以应用这些能力，实现自我价值。

在这个过程中，我还积累了很多带团队的能力。与一般企业严格的组织架构和标准的工作流程不同的是，在咨询公司，团队的状态一般是比较松散的。你与某人在某个项目里会合作，但未必会与其合作下一个项目，因此作为团队管理者，你与其他人之间并没有一个确定的汇报关系。更不用说作为一个咨询顾问，到客户那里让客户的团队与我一起合作，对方是甲方，我是乙方，更没有管理权限了。如何解决这一问题？我依靠的就是用共同的目标搭建团队、共同的价值观鼓舞团队、共同的行为方式规范团队的横向领导力。

所有人都可以依照上述路径成为一个合格的管理者。只要找到正确的方向，应用正确的方法，有自己的坚持和体会，不停地思考以让自己获得提高，就一定会越来越靠近你想成为的人。

31
管理者如何能够战胜自我

了解现状和未来，清楚自己想成为什么样的人，通过什么样的路径能达成目标，就已经做到自知者明了。在自知者明的基础上，还要再加上一个最重要的环节：自胜者强。

所谓自胜者强，涉及两个维度。一是"自"，即自己跟自己比，不跟其他任何人比。二是"胜"，即今天比昨天好，就胜了昨天的自己。

如果每个人都能做到自知者明，对自己的现状有非常明确的认知，对自己未来要达成什么目标有明确的规划，又能够在实施的过程中做到自胜者强，不断让自己每天都比此前更好，最后一定能成为一个优秀的人。

在《特别认真地生活》这本自传里，稻盛和夫记载了自己的成长经历，讲述了他"敬天爱人"的经营哲学是怎样形成的。这是一个普通到不能再普通的平凡人如何一步步靠着自己的踏实和努力成为全球知名实业家的故事。

稻盛和夫出生于日本南部的鹿儿岛，是家中的次子，有好几个兄弟姐妹。日本实行严格的长子继承制，尤其在那个年代，长子可以继承一切，因此作为次子的他从小在家族里便不受重视。稻盛和夫在考中学时想考鹿儿岛最好的学校，结果考了两次都没考上，其间还得了肺结核，差点儿丢掉性命。因为身体不好，他也未能考上向往的大阪医学院，只考上了一所区域性的大学——县立鹿儿岛大学，学习应用化学，与他的理想毫无关系。1954年稻盛和夫大学毕业，赶上朝鲜战争刚刚结束，日本也受到影响，经济颇为萧条，很多企业都停止了人员招聘，他在求职中也屡屡碰壁。后来，他的班主任介绍了一家叫松风工业的陶瓷材料公司，没有选择的他只能去应聘。但去了这家公司后，看到破败不堪的宿舍，床上甚至连一张草席都没有，他瞬间感到很灰心。跟他一起入职的五个人中，有四个人找到更好的工作后陆续离开了这家濒临倒闭的公司，只剩他一个人无处可去。

那时稻盛和夫迎来了人生第一次心理上的转变。他想，既然宿舍住得那么难受，那干脆搬到实验室里认真做研究。他把生活用品全都搬到了实验室，全身心投入研究工作中，最终研发出一种叫"美橄榄石"的新型陶瓷材料，得到了松下集团的订单，挽救了整个公司。不久后，公司想扩大规模，因此与日立合作，日立提出再研发一种新材料的要求。但这次稻盛和夫没有那么顺利，付出极大努力后也没有像预想的那样快速研发出符合日立要求的新材料。因此公司开始排挤他，安排别人接手他的研究工作。这时稻盛和夫也感到在这家公司没有发展前途，于是决定离开，但一时没有好的去处，他甚至想过去巴基斯坦继续为松下工作。后来，在松风工业结识的一群朋友决定和稻盛和夫一起创业，希望研发出符合日立要求的材料。他们随后成立了自己的公司，即后来大名鼎鼎的京瓷公司。

京瓷公司的管理一开始并不顺利，在相当长的一段时间内，大家都在努力工作，但是除了一些已经成型的材料带来的订单，没有新的突破。在公司发展到第三年时，有十一个一毕业就加入公司的下属在他们工作满一年时向稻盛和夫呈上按着血手印的请愿书，要求涨工资。稻盛和夫拿不出钱，于是和这十一个人促膝长谈了几天几夜，最终感动了他们，成功劝说他们留了下来。这件事让稻盛和夫有了意识上的第二个转变，即他认识到，公司最根本的意义或最重要的义务就是保障下属的生活。

一个公司不管口号喊得多么响亮，做的事多么伟大，若是连自己下属的基本生活都不能保障，一定不是一家好公司。认识到这一点后，稻盛和夫便开始重新规划京瓷的经营哲学——追求全体下属"物""心"两方面的幸福。后来他又加上了一条：为人类社会的进步发展做出贡献。这些成了京瓷的根本运营宗旨，也是稻盛和夫自身经营哲学里很重要的组成部分——敬天爱人。

稻盛和夫的经营哲学就是在挫折中一步步成型的，他创立的两家公司——京瓷和 KDDI 后来都进入《财富》世界 500 强。在七十八岁高龄时，日本政府请他再度出山，挽救当时已经破产的日本航空。本着上述经营哲学，他在十八个月内就让日航起死回生，而且创造了日航历史上最高的利润，使其重新上市。

回顾稻盛和夫的一生，他始终践行着自己在经营哲学里强调的：要付出不亚于任何人的努力。他知道自己资质普通，出身也普通，甚至在年轻时遭受了很多的挫折。除了研发出松下所需要的材料，他在职业早期几乎没有任何耀眼的成绩。但他脚踏实地，付出了不亚于任何人的努力，不抱怨、不争先，只是努力把自身工作做好。**正是能够做到今天比昨天好一点，明天比今天好一点，一步步踏实往前走，稻盛和夫最终成了日本的"经营之神"。这就是典型的自胜者强。**

在职业生涯的每个阶段，我们自身的核心竞争力是不一样的，因此每一天自己都要有所进步。一个人刚进入职场时，获得成功的因素通常是学习快，学的技术新，肯用功。但慢慢就会出现比他掌握技术更新、更用功、更聪明的人，他如果停滞不前，就会赶不上变化。尤其当他职位上升、雇佣成本变高时，公司也会考虑用人的性价比。为什么不用更低的价格雇一个十年前的他呢？

当一个人二十多岁跟别人拼执行力，到了三十多岁还在用执行力与别人的管理力竞争，到了四十岁依然用执行力跟别人的领导力竞争，那就肯定要失败。**所谓的中年危机就是自身能力的增长没有跟上时代的要求，当前所在公司给自己的价格超过了市场的价值评估。**

对职场上有相对丰富的经验、想更进一步转入管理工作的新晋管理者们来说，想要变得更好，不管目标大小，都需要做到一件事，就是努力朝着这个目标，每天都要比之前做得更好。工作是一场修行，如果每天都能比之前做得更好，我们就没有理由怀疑未来的自己不是一个光辉的人。

后记：学会使用工具

我在本书中向读者介绍了很多的工具、模型、方法，这些工具之所以能够被广泛使用，被当作经典，是因为它们是前人成功的有效经验的总结，而且是可以被复制、被移植的。

为什么要向大家介绍这么多工具？自己一边体验一边摸索不好吗？自己摸索当然有一定的优势，但借助工具可以让人更快速地获得成长。人类的发展史实际上就是人类不断地创造和利用新的工具，让自己变得更强大，能够处理更复杂问题的过程。

有一句俗语："如果你只有一把锤子，你看所有的问题都是钉子。"这是因为你只有一个工具，所以解决所有的问题时只能用这一种方法。掌握的工具越多，你可以解决的问题就越多；当你对工具的使用越熟练，你就越知道在特定的情况下，怎么去选取适当的工具。这些都将有助于效率的提升。

相信读完我的这本书，了解了这么多工具的读者也会有不同的体会。我想，大体会有三类读者：

第一类，读完之后并不实践。之后遇到问题，他仍然只能靠经验去解决，还是缺乏可用的趁手工具。

第二类，虽然读完了全书，但只是浅尝辄止，并不做进一步思考。最终的结果是，遇到较简单的问题时，可以立即找出工具帮助解决，而遇到困难一些的问题时，仍然手足无措。

第三类，完整地读完了全书，也理解了如何使用这些工具，这样的读者就有了一个完整的工具箱。面对不同的问题，他可以分析问题产生的原因，寻找匹配的工具，由此更高效地解决问题。

但是仅仅了解工具是不够的，要想使用好工具，还有两个至关重要的因素需要考虑和践行。

第一个是持续练习。唯有长时间有意识地重复练习，才能熟练掌握工具、技巧、方法。这里说的"有意识"，指的是每次练习时都要有思考，带着脑子做，不停反思什么地方做得好，什么地方不太顺畅，然后下一次练习时主动做出调整，不断优化，接近最佳状态。

第二个是领悟边界。任何工具、模型、方法都有其适用的边界，越过边界就变成生搬硬套了，非但达不到预想的结果，反而有可能带来损失。但这个边界是模糊的，会因为使用者、使用对象、使用环境和使用方法的不同而发生变化，这就需要管理者在实践中不断观察和总结，摸到边界，才能"随心所欲不逾矩"。

每一位优秀的管理者手边都有一个完整的工具箱，并且他还会不断地丰富他的工具箱，不管是来自经验的，来自上级下属的，还是来自第三方的。只有不断地丰富自己的工具箱，管理者才有足够的信心面对那些未来不可预知的、随机发生的、前人未曾遇到的问题，也才知道该用什么样的方式应对这些问题。

自知者明，自胜者强。

致谢

本书的成文绝非一人之力。

感谢帆书 App 的非凡精读和新媒体两个团队的帮助。我在非凡精读栏目讲解分享管理类书籍的过程中，积累了大量关于团队管理的知识和素材。新媒体团队在本书的准备和写作中给予了大量支持。在本书出版之际，向帆书 App 的吴江、夏捷立、钱赵力、冯蕊、孟磊、朱金璘、杨佳、杨文文、邢艺璇表示感谢！尤其要感谢的是帆书 App 的肖梦婕女士，梦婕不仅在我和帆书 App 的合作中充当"经纪人"的角色，还为本书的内容收集整理了大量材料，同时作为本书的第一位读者也提出了很多非常好的修改意见。

本书能够立项、成型、出版，离不开果麦文化的阴牧云老师和谭思灏老师的帮助和指导。作为第一次写书的小白作者，写作中有无数奇怪的基础问题，两位老师总是耐心给予解答。同时，两位老师对本书的结构、内容、篇幅、表述方式等提出了很多专业建议，让本书可以将所要表达的思想以尽可能紧凑、清晰和准确的方式呈现给大家。

最后感谢我的家人。本书在创作时，恰好是儿子出生前后，我的妻子承担了更多家务和养育的责任，让我能在本来就紧张的工作之外还有余力完成本书。

没有上述朋友、家人的支持和帮助，就不可能有在大家面前的这本书。

作者 | 刘蔚涛

西安交通大学组织管理学士
英国利兹大学广告与市场营销硕士

曾任：
宝洁公司高级经理
科尔尼咨询公司资深经理
麦肯锡咨询公司全球副董事合伙人
私募股权投资集团 KKR 执行董事

带团队的头一年
从业务骨干转型为管理能手

作者 _ 刘蔚涛

产品经理 _ 谭思灏　　装帧设计 _ 廖淑芳　　产品总监 _ 阴牧云
技术编辑 _ 顾逸飞　　责任印制 _ 梁拥军　　出品人 _ 贺彦军

果麦
www.guomai.cn

以 微 小 的 力 量 推 动 文 明

图书在版编目（CIP）数据

带团队的头一年：从业务骨干转型为管理能手 / 刘蔚涛著. -- 天津：天津人民出版社, 2024. 9. -- ISBN 978-7-201-20667-7

Ⅰ. F272.90

中国国家版本馆CIP数据核字第2024CG6550号

带团队的头一年：从业务骨干转型为管理能手
DAI TUANDUI DE TOUYINIAN: CONG YEWU GUGAN ZHUANXING WEI GUANLI NENGSHOU

出　　版	天津人民出版社
出 版 人	刘锦泉
地　　址	天津市和平区西康路35号康岳大厦
邮政编码	300051
邮购电话	022-23332469
电子信箱	reader@tjrmcbs.com

责任编辑	康嘉瑄
产品经理	谭思灏
装帧设计	廖淑芳

制版印刷	河北鹏润印刷有限公司
经　　销	新华书店
发　　行	果麦文化传媒股份有限公司
开　　本	880毫米×1230毫米　1/32
印　　张	6.25
字　　数	114千字
印　　数	1-10,000
版次印次	2024年9月第1版　2024年9月第1次印刷
定　　价	49.80元

版权所有 侵权必究

图书如出现印装质量问题，请致电联系调换（021-64386496）

使用说明

新手管理者新官上任,总会遇到各种问题。大到如何识人带人、如何不断成事、如何获取资源,小到怎么管刺头、怎么分奖金、怎么开人……如果没有一个解决各种问题的"工具箱",那就难以从容应对,很容易陷入疲于奔命、不断救火但又不能彻底解决问题的恶性循环。

本工具册随书附赠,包括 10 种职场实用工具,涵盖上任、管人、管事、要资源等场景。建议读完书中相应章节的讲解后使用,也可独立使用。

工具序号	工具名称	对应书中章节
1	个人职位变动盘点表	01 如何理解"成为管理者"
2	职场通用技能自评表	03 管理者需要培养哪些能力
3	团队战略屋	05 管理团队的第一件事
4	下属执行力金字塔	08 如何提高下属的执行力
5	绩效对话表	11 如何与下属谈绩效
6	激励组合清单	12 如何打好激励组合拳
7	团队人才盘点清单	13 如何优化团队
8	时间净化工作表	23 如何管理自己的时间
9	团队资源计划表	24 如何向公司要资源
10	关系定位表	25 如何维护关系、寻求支持

工具1：个人职位变动盘点表

解决什么问题	帮助新手管理者明确晋升后将面临哪些显性改变，做好心理准备。
如何应用	从角色位置、心态、关系网、职能、个人能力五个维度，尽可能多地罗列出晋升后将要面对的具体变化。

● 个人职位变动盘点表模板

	没变的	变动的	有啥困难
角色位置	如：还在原有的办公区。	如：有独立办公室。	如：是否还能跟团队成员们打成一片？
心态	如：仍需完成业绩指标。	如：不能自己上手，又对下属不完全放心。	如：如何把自己的能力复制给下属，打造高效能团队？
关系网	如：汇报对象不变。	如：多了跨部门协作。	如：怎样处理好跟相关部门的关系？
职能	如：原有职能没变。	如：负责的区域范围扩大，需要管理的产品增多。	如：在各区域和产品间怎么分配精力？
个人能力	如：重要的任务、重要的会议、重要的供应商和客户还得管好。	如：需要具备培养下属的能力。	如：压不住下属怎么办？

🧰 工具2：职场通用技能自评表

解决什么问题	帮助新手管理者评估自己的六项职场通用能力，尽可能把自己培养成"六边形战士"。
如何应用	根据评分标准，给自己的各项能力打分。包括当下的实际情况和希望达到的程度。然后根据不同岗位的需要，尽可能补足短板，做到更好。

● **职场通用技能自评表模板**

当下实际情况

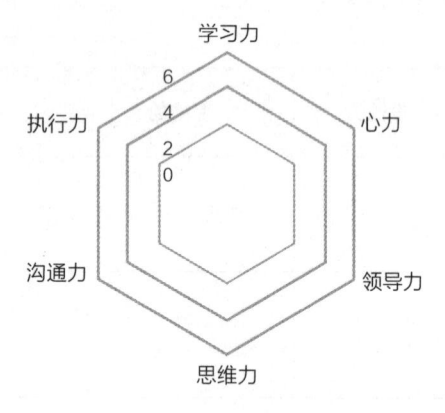

学习力
执行力
心力
沟通力
领导力
思维力

希望达到的程度

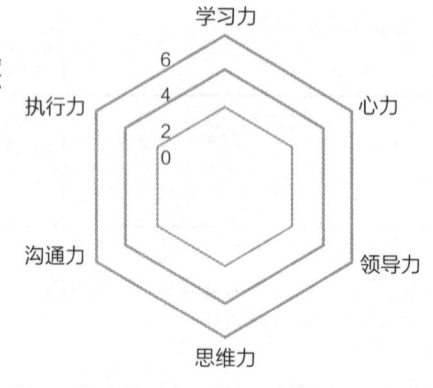

学习力
执行力
心力
沟通力
领导力
思维力

2

● 评分标准

能力名称	评分标准 （请按照 1—5 分的符合程度为自己打分）	
	优秀管理者——5 分	合格管理者——3 分
学习力	● 主动根据公司发展和行业变化，制定学习成长计划，始终保持在知识上的领先。 ● 与同类同级员工相比，有明确的核心竞争力，在某些方面明显优于其他人。 ● 善用各种内外部学习资源，主动识别有效的学习方法。 ● 学习方向不设限，主动寻找职业第二曲线。	● 利用各种学习机会和资源，不断丰富自身知识，并应用于日常工作和指导他人。 ● 学习方向与职业现状挂钩，与同类同级员工对比具备基础竞争力，但未必有明确的核心竞争力。 ● 有明确的学习渠道和学习方法，但未必全面。
执行力	● 面对多项任务能判断优先级，制定跨团队的计划，确保高效高质地完成任务。 ● 能够带领团队规划并完成复杂任务、新任务和紧急任务，对执行过程中可能出现的意外有预判和预案。 ● 能持续成事，懂得规划团队资源，能做到适可而止，明白完成比完美更重要。	● 按照企业对团队的业务要求，制订具体的工作计划，分解工作任务。 ● 有效地进行过程管理，确保团队执行不偏移。 ● 能够带领团队完成既定任务，并取得预期结果。
沟通力	● 能运用综合策略，通过多种方式有效影响他人或组织。 ● 能够察觉他人的需求和情感，提取有效信息并反馈。 ● 跨团队合作时能综合考虑多团队沟通方式，促进高效、高质合作。 ● 积极反馈工作结果，营造透明的协作氛围。	● 能站在他人角度思考和表达。 ● 增进与其他团队的相互了解，主动收集并及时分享信息，促进有效决策。 ● 跨团队沟通时综合考虑对方的能力和诉求，高效推进跨团队合作落地。

（续表）

能力名称	评分标准 （请按照1—5分的符合程度为自己打分）	
	优秀管理者——5分	合格管理者——3分
思维力	• 能对综合性问题进行结构化分析，识别问题成因及各因素之间的影响关系。 • 具有创造性，能提出优于前人的解决方案。 • 能触类旁通，掌握事物发展的客观规律，以点带面地思考问题。	• 能有逻辑、有条理地对所面临的问题进行分解和分析，把握主要根因，并提出相应解决方案。 • 能提出系统化方案，平衡收益与风险。
领导力	• 勇于接受全新的任务，不断尝试。 • 有号召力，能够快速组建有能力的团队。 • 能带领团队找到共同目标，激励团队成员的斗志，充分发挥团队成员潜力，相互协作完成复杂或困难的任务。	• 应对不断变化的业务形式，集中必要资源，坚持不懈，全力以赴带领下属实现目标。 • 从业务出发理顺内部关系，决策与行动时考虑对其他部门的影响。
心力	• 有长期发展的心态，能平衡长期和短期目标，对职业发展做出理智抉择。 • 能在任何环境中保持清晰的职场价值观和行为准则。 • 面对困难时始终保持冷静和自信，能鼓舞自己和团队积极面对。	• 能在困难情况下坚持用正确的方法做正确的事。 • 面对压力时能保持情绪稳定、理智思考。

工具3：团队战略屋

解决什么问题	帮助新手管理者在接手团队后，清晰直观地呈现出团队的整体战略方向和具体实施措施。
如何应用	团队战略屋包括以下四项内容： ● 团队的愿景和目标：团队何以存在？要达到什么经营目标？共同愿景是什么？ ● 业务范畴和路径：为了达到目标，团队应专注什么业务？怎样界定"赢"的标准？ ● 团队核心竞争力：为了达到目标，团队整体应当具备什么能力？核心竞争力和关键短板是什么？ ● 团队机制和文化：团队的组织结构、管理模式、业务流程、团队文化、人员去留规则是什么？ 根据四个维度，结合自己团队的具体情况进行搭建。

● 团队战略屋模板

团队的愿景和目标		
业务范畴和路径	业务范畴：	路径：
团队核心竞争力		
团队机制和文化		

工具4：下属执行力金字塔

解决什么问题	帮助管理者梳理每个下属的能力情况。
如何应用	下属执行力金字塔将员工的工作能力进行如下分级： 1级：服从命令 2级：勤奋 3级：具备一定的专业技能 4级：有主动性 5级：有创造力 6级：有热情 在3级和4级之间有一条"执行力鸿沟"。鸿沟以下的员工只有被动性，区别在于是否高效、努力。鸿沟以上的员工有主动性，区别在于在主动性的基础上是否有创造力和热情。 运用执行力金字塔评估下属，然后进行针对性提升。比如：对于勤奋的人，提升专业能力；对于有专业能力但缺乏主动性的人，注重激励。

● 下属执行力金字塔模板

执行力层级	下属姓名	提升计划
第一层：服从命令		
第二层：勤奋		
第三层：有专业技能		
第四层：有主动性		
第五层：有创造力		
第六层：有热情		

工具5：绩效对话表

解决什么问题	帮助管理者与下属顺畅地进行绩效对话。
如何应用	将绩效对话分成三个回合： 第一步，他说你听，让他自评。 第二步，你说他听，你给他评估。 第三步，双向讨论，产出结果。

● 绩效对话表模板

<table>
<tr><th colspan="7">绩效对话表</th></tr>
<tr><th colspan="2">年初制定</th><th>他说你听</th><th>你说他听</th><th>双向讨论</th><th>达成一致</th></tr>
<tr><td>绩效目标描述</td><td>量化指标</td><td>绩效自评
是否达到目标
+ 原因 + 案例</td><td>主管考核
是否达到目标
+ 原因 + 案例</td><td>差异
目标、自评和考核结果间的差异</td><td>原因</td></tr>
<tr><td></td><td></td><td></td><td></td><td></td><td></td></tr>
<tr><td></td><td></td><td></td><td></td><td></td><td></td></tr>
<tr><td></td><td></td><td></td><td></td><td></td><td></td></tr>
</table>

工具6：激励组合清单

解决什么问题	帮助管理者了解下属需求，针对性给予激励。
如何应用	先分类：从是否与钱有关的维度，把可用的激励手段分为财富激励和非财富激励；从时效性的维度，把激励手段分为短期激励和长期激励。 再盘点：评估每个下属的绩效结果和需求意愿，决定个性化的激励组合。

● 激励组合清单模板

激励类型		短期	长期
财富激励			
非财富激励			

下属姓名	绩效结果	需求意愿	激励组合

🧰 工具7：团队人才盘点清单

解决什么问题	帮助管理者厘清团队完成既定任务所需的能力，并评估团队现有能力水平，决定是否增补以及如何增补。
如何应用	第一步，明确完成团队绩效所需能力。 第二步，判断团队成员是否具备这些能力。 第三步，判断团队已具备的能力是否够用。 第四步，对差异部分通过团队内部学习、招人、外包三种方式满足。

● 团队人才盘点清单模板

需要的能力	是否具备	水平如何	是否需要增补	如何增补

🧰 工具8：时间净化工作表

解决什么问题	帮助管理者合理分配并掌控自己的时间。
如何应用	管理者的时间分为四类：老板占用的时间、组织占用的时间、外界占用的时间、自己占用的时间。 使用时间净化工作表共分三步： 第一步：具体记录，罗列时间是被哪种类型的事务占用。 第二步：识别这些时间的花费或分配，哪些是自己可以支配的，哪些是由他人决定的。 第三步：判断那些自己可以施加影响的时间花费，相关事务是否可以不做。

● 时间净化工作表模板

占用者	事件描述	占用时间 （每月）	策略 （继续/改进/取消）	方式 （委派/外包/自己做）	可回收时间 （每月）
老板					
组织					
外界					
自己					

工具9：团队资源计划表

解决什么问题	帮助管理者厘清团队资源情况，随时做好准备向上级要资源。
如何应用	列出四项内容：团队为了完成业绩目标共需要哪些资源，哪些可以从组织内部获得，哪些需要从组织外部获得，哪些需要上级提供。

● 团队资源计划表模板

需要什么资源	组织内部的资源	组织外部的资源	老板能给的资源

工具10：关系定位表

解决什么问题	帮助管理者在公司内提出方案前，先分析对决策有不同影响力的人，找出分别采取的应对方法，以获得更多的支持。
如何应用	第一步：罗列可能会对决策产生影响的相关人员。 第二步：分析每个相关人员的关注点。 第三步：针对相关人员对你提案的态度进行打分，评分标准如下： +2分：对于你的提议，相关人员会无条件支持。 +1分：如果你的提议对相关人员有好处，他就会同意，没有好处，他也不会跳出来反对。 0分：你的提议对相关人员没有好处也没有坏处，他大概率不会表态；如果非要表态，他通常会随大流，根据多数人的意见进行决策。 -1分：如果你的提议对相关人员有坏处，他就会反对。 -2分：相关人员从心底认为你的提议不合适、不应该得到公司支持，所以无论如何都会反对。 最后制定沟通策略。

● 关系定位表模板

相关人员	职位/级别	关注点	态度评分	沟通策略